W0088205

MALER
MÖRDER
MYTHOS

Geschichten zu
CARAVAGGIO

von
Andrea Camilleri
Gerhard Falkner
Nino Filastò
Florian Illies
Tanja Kinkel
Henning Mankell
Ingrid Noll
Arnold Stadler

museum kunst palast

HATJE
CANTZ

Die Anthologie »Maler Mörder Mythos. Geschichten zu Caravaggio« erscheint anlässlich der Ausstellung »Caravaggio. Auf den Spuren eines Genies« museum kunst palast, Düsseldorf

9. September 2006 bis 7. Januar 2007

Zur Ausstellung wird außerdem ein umfangreicher Katalog erscheinen.

Herausgeber: Jean-Hubert Martin, Bert Antonius Kaufmann, museum kunst palast, Düsseldorf

Idee und Konzeption: Bert Antonius Kaufmann, Angela Eckert-Schweizer, museum kunst palast, Düsseldorf, in Zusammenarbeit mit Kathrin Luz, Neumann Luz, Köln

Assistenz: Gudrun Greiling, Inge Maruyama, Marina Schuster, Barbara Wiench

Redaktionelle Umsetzung: Silke Becker, Eike Dürrfeld, Neumann Luz, Köln

Lektorat: Katharina Narbutovič, Berlin

Übersetzungen: Andrea Camilleri: Moshe Kahn/Saarbrücken; Henning Mankell: Wolfgang Butt/Fontanes, Frankreich; Nino Filastò: Esther Hansen/Köln

Produktion, Gestaltung, Satz: Reschke, Steffens & Kruse, Berlin/Köln

Umschlaggestaltung: Lange + Durach. Büro für Gestaltung, Köln

Schrift: Minion

Papier: PlanoBook, 100 g/qm, Volumen 2,0

Druck: Offizin Chr. Scheufele, Stuttgart

Buchbinderei: Springer Othmar Industriebuchbinderei GmbH, Leinfelden

Umschlagabbildung: Caravaggio, Schild mit Haupt der Medusa, 1597–1598, Durchmesser 55,5 cm, Galleria degli Uffizi, Florenz (Ausschnitt)

Dieses Buch erscheint im Hatje Cantz Verlag · Zeppelinstraße 32 · 73760 Ostfildern

Tel. +49 711 4405-0 · Fax +49 711 4405-220 · www.hatjecantz.de

ISBN-10: 3-7757-1807-9, ISBN-13: 978-3-7757-1807-3

Die Geschichten zu Caravaggio werden gefördert von der METRO Group.

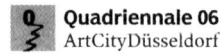

Powered by
METRO Group

Quadriennale 06
ArtCityDüsseldorf

Jean-Hubert Martin # Vorwort

Im Rahmen der ersten Düsseldorfer Quadriennale 06 zeigt das museum kunst palast vom 9. September 2006 bis 7. Januar 2007 »Caravaggio. Auf den Spuren eines Genies«, die erste umfassende Caravaggio-Schau in Deutschland.

An der Schwelle vom Manierismus zum Barock revolutionierte Michelangelo Merisi (1571–1610), nach seinem Geburtsort Caravaggio genannt, durch die meisterhafte Inszenierung von Licht und Schatten die Malerei. Gewalt, Erotik und Religion gehören zu den Hauptthemen seiner Arbeit und spiegeln neben der Profanisierung von sakralen Themen den rebellischen Charakter Caravaggios wider.

Dieser wird durch sein bewegtes und legendenumwobenes Leben untermauert: Es ist die Rede von einem streitbaren Charakter, von Totschlag, Flucht vor der Justiz, päpstlicher Begnadigung und einem frühen, rätselhaften Tod.

All diese Aspekte bilden geradezu einen perfekten Rahmen für eine literarische Umsetzung. Der Ansicht waren ebenfalls die hochkarätigen Autoren, die für das einzigartige Literaturprojekt eines von Leben und Werk Caravaggios inspirierten Kurzgeschichtenbandes gewonnen werden konnten.

Zu den Autoren der Anthologie zählen der Lyriker, Dramatiker und Essayist Gerhard Falkner, der Schriftsteller Arnold Stadler, die junge Erfolgsautorin Tanja Kinkel und der Bestsellerautor Florian Illies. Angeführt wird die Autorenriege von dem international angesehenen schwedischen Schriftsteller Henning Mankell und der Grande Dame des deutschen Kriminalromans, Ingrid Noll. Die beiden kriminalistischen Meister der italienischen Literaturwelt, Andrea Camilleri und Nino Filastò, stellen den Bezug zu Caravaggios Wurzeln her.

Alle acht kooperierenden Autoren haben das Projekt von Anfang an mit großer Begeisterung aufgenommen und das innovative Ziel des museum kunst palast, ein vorrangig der Literatur zugewandtes Publikum für das Werk Caravaggios zu sensibilisieren, mit ihren fesselnden Geschichten und ihrem großzügigen Entgegenkommen unterstützt. Entstanden ist daraus eine faszinierende Sammlung, bestehend aus acht spannenden und teilweise überraschenden Geschichten, die jeweils ein oder mehrere Werke Caravaggios in den Fokus der Erzählung stellen und den Künstler selbst zum Leben erwecken.

Für die großzügige Förderung dieses für ein Kunstmuseum ungewöhnlichen Projektes danken wir der METRO Group, die das nun vorliegende Buch von der ersten Idee bis zu seiner Realisierung mitgetragen hat.

Wir wünschen allen Lesern ein spannendes Lesevergnügen und viele anregende Einblicke in die Welt Caravaggios.

Ingrid Noll Das weiße Hemd der Hure

Für die uneheliche Tochter einer Prostituierten ist ein Aufstieg in die Mittel- oder Oberschicht recht unwahrscheinlich. Deswegen hatte meine Mutter schon früh beschlossen, dass ich in ihre Fußstapfen treten sollte. Nicht ganz zu Unrecht glaubte sie allerdings, ich würde zu hysterischen Reaktionen neigen. Ich war fast noch ein Kind, als sie mir einbläute:

»In unserem Beruf kann man sich keine Allüren erlauben!«

Damit meinte sie wohl, dass man nicht laut weinen durfte, wenn man traurig war oder Schmerzen hatte, und Zimperlichkeit prinzipiell nicht in Frage kam. Auch wenn man sich ekelte, musste man sich zusammenreißen und sogar einen Lustgreis – wenn er Geld hatte – mit einem Lächeln empfangen.

Natürlich wusste Mama nicht genau, wer mein Vater war, und bei ihrem Lebenswandel konnte man auch nichts anderes erwarten. Immerhin hatte sie einen gewissen Pater Vincenzo in Verdacht, der zur besagten Zeit ein Priesterseminar besuchte. Er war der vierte Sohn einer adeligen Familie und viel jünger als sie. Mehrmals habe ich mich tief verschleiert in die Kirche Santa Maria del Popolo geschlichen, bloß um meinen vermeintlichen Vater prüfend anzuschauen; sein Latein konnte ich sowieso nicht verstehen.

Ja, ich sah ihm durchaus ähnlich: von ihm habe ich das ovale Gesicht, die flinken mandelförmigen Augen, den kleinen, aber vollen Mund, die vergleichsweise großen Ohren. Auch seine langen Finger habe ich geerbt, obwohl meine Hände viel kräftiger sind als die seinen. Doch mein Erzeuger musste wahrscheinlich keine Wassereimer schleppen oder betrunkene Soldaten aus dem Bett zerren, sondern konnte studieren und lesen, Musik hören und mit Gleichgesinnten philosophieren.

Ich hatte meiner Mutter versprechen müssen, meine mutmaßliche Abstammung nicht auszuposaunen, denn auch wir haben einen Ehrenkodex. Und auf jeden Fall wirkte es sich geschäftsschädigend aus, wenn man die Namen seiner Freier öffentlich preisgab.

Meine Kolleginnen pöbelten mich gelegentlich an, wenn mir feine Herren den Vorzug gaben oder mich über längere Zeit als Kurtisane aushielten, und mir wurde schadenfroh prophezeit, dass auch mein Marktwert mit den Jahren sinken würde. Womit sie leider Recht behielten.

Als Mama starb, verlor ich ein wenig den Halt, schließlich war ich erst sechzehn. Sie hatte mich stets davon abgehalten, in stickigen Schänken herumzuhängen, und ich hatte auch nicht das Bedürfnis danach verspürt. Doch nach ihrem Tod fühlte ich mich einsam und war darauf angewiesen, neue Kontakte zu knüpfen. Bis dahin hatte sich meine Mutter um alles Geschäftliche gekümmert.

So kam es, dass ich Abend für Abend am Tiber-Ufer entlangschlenderte und bald alle berüchtigten Spelunken wie meine Westentasche kannte.

Streunende Männer, die unser Ortaccio-Viertel bevölkerten, liebten Besäufnisse, Bordelle, Glücksspiele, zotige Lieder und gingen keiner Rauferei aus dem Weg. Der wildeste dieser Kerle hieß Michelangelo Merisi, aber man nannte ihn nur nach dem Dorf, aus dem er stammte – Caravaggio. Als ich ihn zum ersten Mal auf der Piazza Navona sah, hatte man mir schon viel über ihn zugetragen: dass er zum Beispiel Exzesse liebe und Messer und Degen sehr locker bei ihm säßen. Immer wieder verschwinde er tagelang – nach seinen eigenen Worten, um zu arbeiten; wahrscheinlicher sei es aber, dass er im Gefängnis sitze. Im Übrigen treibe er es mit Männern und Frauen, Mädchen und Knaben, vielleicht sogar mit Tieren. Sofort begann ich mich für den verrufenen Menschen zu interessieren, aber er sich offensichtlich nicht für mich. Meine rothaarige Freundin Giulia hatte mehr Glück.

Andererseits beneidete ich sie nicht. Giulia war ein Bauerntrampel und nicht bei einer durch Erfahrung klug gewordenen Mutter aufgewachsen, die sie beizeiten mit Essigschwämmchen und anderen Verhütungsmitteln vertraut machte. Auf Befehl ihres Zuhälters hatte Giulia ihr Neugeborenes ertränkt, worauf sie für Wochen in Schwermut versank. In diesem Zustand wurde sie von Caravaggio angesprochen, der ein Modell für seine ›Büßende Magdalena‹ suchte. Erst jetzt hörten wir, dass er ein begabter Künstler sei. Obwohl Caravaggio nicht ahnen konnte, was Giulia gerade durchgemacht hatte, erkannte er ihre magdalenenhafte Stimmung an der schlaffen Haltung, dem trüben Blick, dem unendlich müden Ausdruck. Hinzu kam noch Giulias Angst vor Entdeckung und Bestrafung oder gar späteren Höllenqualen, die sie völlig verstörte. Angeblich war sie die erste Frau, die Caravaggio malen wollte, denn zuvor hatten ihm ausnahmslos Knaben und Männer Modell gestanden.

Caravaggio wurde stets von Freunden begleitet, manchmal auch von einem Rattenschwanz abgerissener Straßenjungen. Wir kannten sie alle mehr oder weniger gut und respektierten sie gewissermaßen, denn in der Regel kamen wir uns beruflich nicht in die Quere. Gelegentlich entwickelten ältere Lebedamen sogar mütterliche Gefühle und spendierten ihnen abgelegte Kleidungsstücke. Für eine feminine Ausstaffierung waren sich die Burschen nämlich nicht zu schade, sie trugen Samt und Seide mit Grazie und ohne sich im Geringsten an einem busengerechten Abnäher oder einem geflickten Kragen zu stören. Überdies waren auch ein paar gutmütige Landeier unter ihnen, mit denen ich oft Tränen lachte.

Ich hatte schon bald bemerkt, dass Caravaggio einen ganz bestimmten Knabentyp favorisierte: noch ein bisschen weich und pummelig von Gestalt, mit schweren Lidern, sinnlichen Lippen, trägem Gehabe und leicht verhangenem, ja fast dümmlichem Blick. Etwas Schläfriges ging von seinen Lieblingen aus, was für den Maler anscheinend den Inbegriff der Erotik bedeutete.

Damit konnte ich nicht konkurrieren, denn ich bin flink und ausgeschlafen. Deswegen war ich überrascht, als Caravaggio mich eines Tages am Ärmel packte; bisher hatte er mich kaum wahrgenommen, nun fand ich es verwunderlich, dass er sogar meinen Namen wusste.

»Hör zu, Fillide, hättest du vielleicht Lust, dich malen zu lassen?«

Da ich in diesem Fall nicht als Hure angesprochen wurde, brauchte ich keine Begeisterung zu heucheln, sondern konnte mich spaßeshalber als zurückhaltende Dame oder spröde Jungfrau gerieren. Obwohl ich längst Feuer und Flamme war, fragte ich mit gespielter Kindlichkeit:

»Wieso ausgerechnet ich?«

»Stell dich nicht so dumm«, sagte er – ein Satz, den auch Mama häufig gebraucht hatte –, »du weißt genau, dass du aparter aussiehst als die anderen Weiber.«

Wer hört das nicht gern. Seine Worte schmeichelten mir auch insofern, als die meisten meiner Kunden gar keinen Blick für meinen Liebreiz hatten, sondern sich ebenso gern mit meinen derben Konkurrentinnen vergnügten. Erwartungsvoll fragte ich:

»Wie stellst du dir das vor? Soll ich eine Heilige spielen?«

Er lächelte ein wenig.

»Warum nicht? Mir schwebt allerdings etwas ganz Besonderes vor: Ich sehe dich als Revoltierende, als Judith.«

Ich war verblüfft und antwortete erst einmal nicht.

»Neulich habe ich dich beobachtet«, fuhr Caravaggio fort, »erinnerst du dich noch an den kleinen Vorfall in der Osteria? Mein Freund Lionello schenkte Rotwein aus, und du bist mit angewidertem Ausdruck hochgefahren, bloß weil ein kleiner Spritzer deine weiße Bluse traf. Genau diese Miene brauche ich, vielleicht bist du ja imstande, sie je nach Bedarf zu wiederholen!«

»Wir können es versuchen«, antwortete ich und ahnte nicht, auf welches Abenteuer ich mich einließ.

Später nahm ich mir Giulia vor, um sie nach Strich und Faden auszufragen.

»Wie er ist?« wiederholte sie in ihrer bedächtigen Art. »Nun ja, wie alle Menschen hat er gute und schlechte Seiten. Aber wahrscheinlich ist er verrückt, denn man weiß nie, wie er reagiert.«

Sie behauptete ferner, er arbeite äußerst schnell und wisse schon im Voraus genau, wie sein Bild aussehen werde. Andererseits sei er launisch, jähzornig und schwer zufrieden zu stellen. Wenn jedoch alles nach seinen Vorstellungen ausfalle, könne er sich und andere auch überschwänglich loben.

»Und wie ist es mit der Entlohnung?« wollte ich wissen.

»Kannst du vergessen«, sagte sie, »von mir hat er sich sogar Geld geliehen. Ich dumme Gans warte heute noch auf die Rückzahlung. Also überleg dir gut, ob du die Offerte annimmst!«

»Und warum hast du dich darauf eingelassen?«

Zu meinem Erstaunen geriet die weinerliche Giulia fast in Verzückung.

»Weil Caravaggio meine letzte Hoffnung ist! Unsere armen Seelen sind ja so oder so verloren, aber als büßende Magdalena könnte ich vielleicht zu ewigem Leben gelangen. Wenn du das Bild ansehen willst, musst du dich beeilen, ein gewisser Gerolamo Vittrici hat bereits eine Anzahlung geleistet.«

Als ich etwas später Caravaggios Werkstatt betrat, war ich von Giulias Abbild geradezu überwältigt.

Alle Zeichen weltlicher Gefallsucht hat Magdalena abgelegt; Ohrringe, Perlenkette und Goldgürtel liegen achtlos neben dem bauchigen Ölfläschchen am Boden. Ihre roten Haarsträhnen hängen unfrisiert und zottelig nach vorn und hinten, die leicht gebräunten Hände ruhen im Schoß. Als reuige Sünderin hält sie das Haupt gesenkt und die Augen geschlossen und scheint in einen nach innen gekehrten, fast meditativen Zustand versunken. Ob sie auf dem niedrigen Betstuhl kauert oder kniet, kann man nicht genau erkennen, denn das schilfgrün gemusterte Leinengewand hüllt sie von der Taille abwärts vollständig ein. Von oben fällt das Licht über den anmutig geneigten Hals auf ihre rechte Schulter, die sich trotz des hellen Teints von der schneeweißen Bluse abhebt. Zwar korrespondieren ihre Haare mit einem drapierten, kupferroten Überwurf, aber sonst sind die Farben spärlich gesetzt, der Hintergrund verfließt in einem morastigen Umbra.

Bisher hatte ich Giulia und ihr totes Kind bedauert, nun erst kamen mir die Tränen – vorwiegend aus Mitleid, ein wenig auch aus Neid. Alles wollte ich dafür geben, um ebenso wie sie einen Anspruch auf Unsterblichkeit zu erwerben. Der Maler fixierte mich spöttisch und ungeduldig zugleich.

»Michelangelo Merisi ist ein Genie«, sagte er, »das wolltest du doch sagen.«

Ich gab ihm Recht. Und dann fing er an zu malen.

Zu meiner Erleichterung erwartete er keine schauspielerischen Leistungen. Als ich zum ersten Mal das kleine Porträt anschauen durfte, sah ich eine hübsche junge Frau, die sich ein Sträußchen vors Dekolletee hält. Was hatte dieses Mädchen mit der biblischen Judith zu tun? Nichts, sagte er, es sei sozusagen die Vorübung für ein großformatiges Gemälde, denn er mache keine Skizzen. Das beruhigte mich etwas, denn an den Zauber der ›Büßenden Magdalena‹ kam dieses Bild nicht heran.

Im Übrigen war Caravaggio ein attraktiver Mann; in den kurzen Pausen schlief ich mit ihm, weil es anscheinend dazugehörte. Von mir aus hätte es dieser Unterbrechungen gar nicht bedurft, so sehr ging ich in meiner Arbeit als Modell auf. Anhand seiner übrigen Bilder fiel mir auf, dass er genau wie ich eine Vorliebe für weiße Blusen hatte. Auch er trug blendend reine Kittel, die ihm eine alte Magd täglich frisch gebleicht vorbeibrachte. Fast schien mir, als ob er mit textiler Sauberkeit seine liederliche Lebensweise kompensieren wollte. Seine Modelle steckte er in Spitzenhemden aus gefälteltem Batist oder hüllte sie in weite Tücher, wobei er das Weiß ins Gelbliche, Kalkige, Silbrige, Bleigraue oder Muschelfarbene spielen ließ. Wie er mir erklärte, gebe es keinen stärkeren Kontrast zu den Tönen der Dunkelheit und der Schatten. Eine Lichtgestalt, die aus den trüben Tiefen der Lasterhöhlen herausleuchten konnte, das war er zuweilen auch selbst.

Meine Kleider wusch ich immer eigenhändig, denn ich hatte keine Dienerin. So gab es gute Gründe, dass ich mich vorsah und bei mutwillig verursachten Rotweinflecken zornig wurde, Ölfarbe wäre jedoch eine Katastrophe gewesen. Caravaggio sah das ein und malte mich vorerst mit entblößtem Oberkörper, es sei kein Problem, nachträglich ein bisschen Stoff darüberzupinseln.

Natürlich hatte ich fest damit gerechnet, dass als Nächstes das Bildnis der Judith an die Reihe käme, aber ein wichtiger Auftraggeber warf die Planung des Malers über den Haufen.

»Vielleicht wird es dir sogar mehr Spaß machen, wenn du nicht allein posieren musst«, sagte Caravaggio, der mir meine Enttäuschung ansah, »ich werde dich nämlich gemeinsam mit deiner Freundin darstellen. Du darfst die eitle Magdalena abgeben, der man gerade die Leviten liest. Giulia ist zur Abwechslung die brave Martha.«

»Und in den Pausen?« dachte ich. »Wer ist dann die Favoritin?« Trotz solcher Bedenken und kleiner Eifersüchteleien wurde es ein prächtiges Gemälde. Mit meinem Part konnte ich mehr als zufrieden sein, die Magdalena war der Mittelpunkt des Geschehens. In trotziger Arroganz, aber bereits leicht verunsichert, blicke ich von oben auf Martha herab und kann zudem in scharlachroter Seide, flaschengrünem Samt, besticktem Mieder und hauchzarten Ärmelrüschen prangen, während Martha triste, glanzlose Stoffe trägt. Nur ihre Hände, die unter Zuhilfenahme aller Finger meine Vergehen aufzählen, werden vom Lichtstrahl getroffen. Aber meine Linke ist weitaus graziler. Sie weist auf den goldgerahmten Spiegel, auf dessen blinder Oberfläche nur ein reflektiertes Fenster zu sehen ist. Dieser Lichtblick deutet die Wendung für meine verworfene Seele an. Aufmerksamen Betrachtern ist allerdings klar, dass der Maler mehr Sympathie für die Sünderin hegte.

Schon bald waren wir ein eingespieltes Team. Es war meine Idee, Caravaggios abgenutzten Kamm im Vordergrund zu platzieren, und er fand diese kleine Anzüglichkeit ausgesprochen raffiniert. Natürlich war es eine absurde Situation, dass eine mittelmäßige Hure wie Giulia eine viel erfolgreichere Kollegin bekehren sollte, aber gerade deshalb boten unsere Rollen Anlass zu allerhand Scherzen. Es tat uns fast Leid, als das Gemälde fertig war, und wir feierten die Vollendung mit einer Orgie. Leider gelang es Caravaggio nicht, im richtigen Moment aufzuhören; wir konnten nicht verhindern, dass er nach einer Woche nicht mehr Herr seiner Sinne war, einen Zechbruder halb tot schlug und wie stets im Gefängnis landete.

Eine ganze Weile hörten wir nichts von ihm, was uns nicht weiter beunruhigte. Giulia und ich hatten viel zu tun und konnten etwas Geld beiseite legen oder in Schmuck investieren. Schließlich hatten wir keine Familie, um uns im Alter zu versorgen.

Es war erstaunlich, wie rasch sich Caravaggio wieder auf freiem Fuß befand. Aber er hatte wohlhabende Mäzene und einflussreiche Gönner, die ihm bereits mehrmals aus der Patsche geholfen hatten. Jedenfalls kam schon bald der Tag, an dem er mich als Judith-Modell in seine Werkstatt bestellte.

Ich hatte geglaubt, ich würde – versehen mit symbolischen Attributen, beispielsweise einem Schwert – als Einzige abgebildet, nun wurde ich eines Besseren belehrt. Um den Höhepunkt der biblischen Erzählung darzustellen, brauchte es drei Personen: Judith, ihre Magd und Holofernes. Caravaggios zahnlose Waschfrau fürchtete sich zwar vor ihrer neuen Aufgabe, aber sie war geradezu prädestiniert dafür, eine neugierige Greisin zu spielen. Auf der zunächst nur grundierten Leinwand ragt ihr Profil als Erstes in die äußerste rechte Bildseite hinein. Auf Anordnung des Künstlers musste sie ihre Schürze mit beiden Händen wie einen Sack zusammenraffen, was mir vorerst nicht recht einleuchtete. Dann brauchte er ihr nur ein paar Schauergeschichten aus dem Kerker zu erzählen, und schon schnitt sie die passende Fratze: gebannt und zugleich entsetzt, lüstern und grimmig entschlossen. Mein Gott, dachte ich, dieses Weib ist ein Naturtalent, das ich niemals übertreffen kann!

»Was die Ohren angeht, könnte sie deine Großmutter sein«, sagte Carvaggio, um mich ein wenig zu ärgern.

Erst kurz darauf erklärte er mir, wie er sich das fertige Werk vorstellte: Holofernes sollte nicht bei einem Tete-a-Tete dargestellt werden, sondern im Augenblick seiner Enthauptung, die Kehle schon zur Hälfte durchschnitten. Das geschürzte Leinentuch war für den blutigen Kopf gedacht.

»Ohne mich«, sagte ich entschieden, »das ist mir zu eklig!«

»Ausgerechnet dir?« fragte Caravaggio zynisch.

Es war das erste Mal, dass er mich demütigte und auf abwertende Weise meinen Beruf ins Spiel brachte, und ich geriet in maßlose Wut. Ehe er sich's versah, hatte ich ihm eine Schüssel Leinöl über den Kopf gekippt. Und bevor ich darüber nachdenken konnte, ob meine spontane Reaktion nicht ein grober Fehler war, traf mich eine Faust mitten ins Gesicht, und eine warme Quelle sprudelte aus meiner Nase. Sowohl Caravaggio als auch ich waren eine Weile damit beschäftigt, mit farbgetränkten Lappen Öl und Blut abzuwischen. Dann war die Zeit reif für einen hysterischen Auftritt, und ich plärrte so laut, dass der Maler fürchtete, die Gendarmen könnten alarmiert werden.

»Wenn meine Nase gebrochen ist, kannst du was erleben!« schrie ich, und Caravaggio begriff, wie folgenschwer eine Verunstaltung seines Modells wäre. Plötzlich wurde er ganz sanft, brachte mir einen Becher Wein, nahm mich in die Arme und versuchte, Trost zu spenden.

»Für uns alle ist es das gleiche Problem«, sagte er, »denkst du, ich könnte mit regelmäßigen Einkünften rechnen? Immer ist da die Angst, der Auftraggeber könnte das nächste Bild ablehnen!«

Es tat gut, dass er unsere Metiers wenigstens in finanzieller Hinsicht verglich. Ich wurde sofort ruhiger, versuchte aber trotzdem, aus der Situation einen Vorteil zu ziehen.

»Du hast gut reden, mit deinen Bildern kannst du noch in zwanzig Jahren viel verdienen. Meine Saison dagegen ist von kurzer Dauer. Im Übrigen habe ich von dir noch keinen Scudo gesehen.«

»Aha, daher weht der Wind«, sagte Caravaggio und angelte eine Kassette unter der Matratze hervor. Neugierig linste ich ihm über die Schulter, aber von goldenen Talern konnte nicht die Rede sein. Immerhin nahm er die Ohrringe heraus, die Giulia auf dem Bild als Magdalena zu Boden fallen lässt, und schenkte sie mir. Besser als nichts, dachte ich und war etwas versöhnt. Schmierig wie wir beide waren, schliefen wir erst einmal miteinander, damit sich das Waschen am Ende auch lohnte.

Zum Glück war meine Nase nicht gebrochen, wir konnten am nächsten Abend mit der Arbeit beginnen. Voller Stolz trug ich die neuen Perlenohrringe, ein blütenweißes Hemd und einen bräunlichen Samtrock.

Caravaggio hatte mehrere Fackeln in sandgefüllte Tonkrüge gesteckt, um eine dramatische Beleuchtung zu erzielen. Ich war froh, dass mich der Feuerschein etwas rosiger machte, denn mein Gewerbe fördert ein bleiches Aussehen.

»Lass sein«, sagte Caravaggio, als ich mir zwecks besserer Durchblutung die Wangen rieb, »die Gesichtsfarbe darf nicht zu kräftig ausfallen, nur ein zartes Rosé soll auf deinen Wangen schimmern. Schließlich wird es ein Nachtbild!«

Nun gut, ich war mit meinem Aussehen weitgehend zufrieden, er bis zu einem bestimmten Augenblick auch. Erst als es darum ging, die Miene einer Henkerin aufzusetzen, begann er an mir herumzunörgeln.

»Viel zu überspannt! Reiß den Mund nicht so auf, sondern eher die Augen! Du brauchst Kraft, um einem ausgewachsenen Mannsbild den Kopf abzuschlagen, man muss deine Anstrengung spüren!«

Und so weiter, bis mir die Lust verging. »Wie soll ich auch wissen, was für ein Gesicht man beim Enthaupten macht«, maulte ich und knallte ihm das wuchtige Schwert vor die Füße.

»Reg dich ab, wir machen eine Pause«, sagte Caravaggio, zog mich aber nicht auf sein Lager, sondern verließ den Raum. Schon bald kam er pfeifend mit einem aufsässigen Hahn zurück, den er an den Flügeln gepackt hielt.

»Nimm mal eben«, sagte er, übergab mir das Tier und wühlte in der Schublade nach einem Messer. Statt des Holofernes sollte ich nun den Gockel abstechen und das passende Ekelgesicht aufsetzen.

Mit äußerster Spannung verfolgte Caravaggio die Hinrichtung des Hahnes, die ich geschickt und absolut professionell ausführte.

Natürlich konnte er nicht ahnen, dass ich schon häufig Geflügel geschlachtet habe. Meine Mutter hatte es mir beigebracht, als ich zwölf war; erstens, um mich abzuhärten, zweitens, weil wir mit gebratenem Huhn unsere Namenstage zu feiern pflegten.

Nach vollbrachter Tat war ich stolz auf meine unbefleckte Bluse und mein rasantes Tempo, und man sah mir den Triumph auch an. Caravaggio dagegen war maßlos enttäuscht.

»Denkst du, ich wollte eine glückliche Köchin malen?« brüllte er mich an. »Gib mir die Ohrringe zurück, du dumme Nuss! Jetzt habe ich den teuren Hahn umsonst besorgt!«

»Im Gegenteil«, sagte ich, »heute können wir uns zum ersten Mal ein anständiges Essen leisten. Sag deiner Magd, sie soll schon mit dem Ausnehmen und Rupfen beginnen.«

In Wein geschmortes Huhn mit Oliven und Zwiebeln, dazu frisches Brot und Salat ist meine Spezialität, um die Wahrheit zu sagen, meine einzige. Es gelang tadellos, Caravaggio war beeindruckt. Die üppige Menge reichte für ihn und seinen Freund, mich, die Magd und sogar noch für zwei hungrige Jungen, die die Knochen abnagen durften.

Nach dem Essen wurden wir müde, auch die Gäste verließen das Haus.

Zum ersten Mal streckten wir uns tatenlos auf der Matratze aus, hielten uns fast wie ein Liebespaar im Arm und erzählten einander ein wenig aus unserem Leben. Caravaggio hatte früh den Vater verloren und war in Armut aufgewachsen, ich wiederum hatte nie einen Vater kennen gelernt.

Und meine frühe Karriere war auch nicht gerade das, was eine Mutter ihrer Tochter wünscht.

»Gab es unter deinen Freiern einen Mann, der dir besonders zuwider war?« fragte Caravaggio unvermittelt. Mir fiel sofort ein Kunde meiner Mutter ein, der mich als Neunjährige vergewaltigt hatte. Mama hatte mich nur kurz mit ihm allein gelassen, weil sie zu einer kranken Nachbarin gerufen worden war.

»Weißt du noch, wie er heißt?« fragte der Maler, doch niemals hätte ich den Namen des Schurken vergessen. Auch später habe ich den hinkenden Luigi gelegentlich gesehen und ihm jedes Mal die Pest an den Hals gewünscht.

»Zufällig kenne ich ihn persönlich«, sagte Caravaggio, »außerdem habe ich allerhand Infames über ihn gehört. Schlaf jetzt ein wenig, ich muss noch arbeiten.«

Als ich in tiefer Nacht von einem rumpelnden Geräusch geweckt wurde, sprang ich ängstlich und halb nackt aus dem Bett und lief hinüber zur Werkstatt, wo die Pechfackeln immer noch brannten. Caravaggio hatte einen gefesselten und geknebelten Mann am Kragen gepackt und schleifte ihn über die Dielen.

»Ist er das?« fragte er mich. Ich zog eine Fackel aus der Amphore, trat näher heran, leuchtete dem Kinderschänder ins Gesicht und nickte; Schweißtropfen standen mir auf der Stirn. Caravaggio reichte mir feierlich das Schwert.

Es ist ein Unterschied, ob man ein Tier oder einen Menschen köpfen soll. Ich zögerte. Luigi wollte schreien, aber durch den Knebel im Mund konnte er nur klägliche Töne von sich geben. Caravaggio hatte ihn bereits in zweckmäßiger Höhe auf eine Liege gelegt und dirigierte mich jetzt in die optimale Position. Mein Peiniger und ich sahen uns dabei unentwegt in die Augen.

Im gleichen Moment, als in seinen Blick ein entsetztes Begreifen trat, stach ich zu. Leider habe ich insofern zum zweiten Mal versagt, als ich ihn genau ins Herz traf und den Kopf gar nicht berührte. Die Tat geschah nicht nur aus persönlicher Rache, sondern auch im Gedenken an alle meine entehrten und geschändeten Schwestern. Ich fühlte mich nicht als Mörderin, sondern vollstreckte ein gerechtes Urteil. Wie eine Priesterin, die ernst, konzentriert und mit Würde die ihr auferlegte Pflicht erfüllt.

Caravaggio malte mich mit einer steilen Falte über der Nasenwurzel und traf meine Stimmung so exakt, wie es ihm nie zuvor oder danach geglückt ist.

Als ich endlich nach Hause ging, war ich völlig erschöpft und schlief 24 Stunden. Wie ein Besessener malte Caravaggio weiter, denn die Leiche stand ihm nur für begrenzte Zeit zur Verfügung.

Um eine realistische Vorlage zu erhalten, legte er den Toten bäuchlings und in verdrehter Haltung auf die Pritsche und durchschnitt ihm posthum die Kehle. Als er den Körper nicht mehr brauchte, warf man ihn in einer stockfinsteren Nacht in den Tiber, während der Kopf viel später in einer Fäkaliengrube versenkt wurde.

Erst nach fünf Tagen traute ich mich wieder in die Werkstatt.

»Michelangelo Merisi, du bist beinahe ein Genie«, sagte ich ehrfurchtsvoll, als ich das fast vollendete, unerhörte und verstörende Meisterwerk bestaunte.

»Wieso beinahe?« fragte er, und schon sah ich dunkle Wolken aufziehen.

»Weil Luigi gut zu erkennen ist«, sagte ich, »und das könnte uns in Teufels Küche bringen, denn irgendwann wird er vermisst werden!«

Ohne gleich aufzubrausen, sah er mich gedankenverloren an.

»Fillide Melandroni, auf deine Art bist auch du ein Genie«, sagte er verwundert. Es gab noch viel für ihn zu tun, bis er meinen blanken Busen und den Kopf des Holofernes übermalt hatte. Am Ende sah der Feldherr Nebukadnezars seinem Schöpfer sogar ein wenig ähnlich, und ich trug wieder mein makellos weißes Hemd.

Caravaggio versprach, dass ich als Nächstes für ›Die heilige Katharina von Alexandria‹ posieren dürfe. Ich war sehr glücklich darüber, denn was kann ich mir Schöneres wünschen, als der Nachwelt mit Palmzweig und Gloriole zu erscheinen?

Andrea Camilleri Die schwarze Sonne

Im Spätfrühling 2004 begab ich mich nach Syrakus, um der Aufführung einer griechischen Tragödie beizuwohnen, die mich wegen der Neuartigkeit und Originalität der Inszenierung sehr interessierte; zudem hatte sie in der Presse für ein gewisses Aufsehen gesorgt. Wie man weiß, finden diese Aufführungen alle zwei Jahre in dem ungewöhnlichen, magischen Griechischen Theater statt und ziehen in aller Regel sehr viel Publikum an. Als ich ankam, waren bereits zahllose Menschen in dem Theater versammelt, die voller Erwartung dort saßen. Die Eintrittskarte hatte ich einige Tage zuvor vom Portier des Hotels, in dem ich während meines zweitägigen Aufenthalts in Syrakus wohnte, kaufen lassen. Als ich meinen Platz erreicht hatte, stellte ich fest, dass der Platz neben mir, genauer gesagt: der zu meiner Linken, leer war. Das freute mich, denn wenn er nicht besetzt würde, hätte ich etwas mehr Bewegungsmöglichkeit und könnte wesentlich bequemer dasitzen, zumal die Zuschauer dicht aneinander gedrängt waren, sozusagen in engem Ellbogenkontakt. Meine Hoffnung währte nur kurz, denn der Platz wurde kurz vor Beginn der Vorstellung von jemandem besetzt, der, so wie er aussah, nur wenig oder gar nichts mit einem kulturellen Ereignis wie der Inszenierung einer griechischen Tragödie zu tun haben schien. Er roch wie einer, der eben noch Fischkisten auf dem Markt abgeladen hatte und ins Theater gekommen war, ohne Zeit gehabt zu haben, seine Kleidung zu wechseln und sich zu waschen. Glücklicherweise saßen wir im Freien, und kurz darauf lenkte eine willkommene Brise den Fischgestank in die andere Richtung. Bevor die Aufführung zu Ende war, stand er auf und ging.

Weil ich für denselben Abend eine Einladung zum Nachtessen bei Freunden hatte, die ich schon seit undenklichen Zeiten nicht mehr gesehen hatte, ging ich ins Hotel zurück, um mich umzuziehen. Es kam mir vor, dass der Anzug, den ich anhatte, nach Fisch stank. Ich staunte nicht wenig, als ich beim Wechseln der persönlichen Gegenstände von einem Anzug in den anderen einen Zettel in der linken Tasche der Jacke fand, die ich im Theater angehabt hatte. Der Zettel, eine halbe, aus einem Rechenheft gerissene Seite, war »An den Schriftsteller Andrea Camilleri« adressiert, und der nicht unterschriebene Text bestand aus einem Zeitadverb, »sofort«, einem Infinitiv, »telefonieren«, und einer Telefonnummer. Ich hatte keinerlei Zweifel: dieser Zettel war mir von dem unangenehmen Kerl in die Tasche gesteckt worden, der neben mir gesessen hatte und höchstwahrscheinlich nur mit dieser Absicht ins Theater geschickt worden war. Das bestätigte mir auch gleich der Portier, an den ich mich wandte: Ja, am Tag vor meiner Ankunft habe eine weibliche Stimme gefragt, welche Platznummer ich im Theater hätte. Sie wolle versuchen, noch eine Karte für den freien Platz neben mir zu finden, habe sie erklärt. Ich bat den Portier, das Informationsbüro anzurufen und sich den Namen und die Adresse von demjenigen geben zu lassen, auf den die Nummer zutraf. Kurz darauf rief mich der Portier zurück und ließ mich wissen, dass das Büro nicht in der Lage sei, meine Bitte zu erfüllen, denn es handele sich um eine nicht verzeichnete, eine reservierte Nummer. Da wählte ich, angestachelt, das gestehe ich, von einer konfusen Neugier, die Nummer, die auf dem Zettel stand. Das Telefon klingelte lange, und ich wollte schon wieder auflegen, als eine männliche Stimme, wohlerzogen, aber auch gewohnt, Befehle zu erteilen, antwortete: »Ja bitte. Wer spricht?« Ich beschloss, mit offenen Karten zu spielen: »Hier ist Camilleri. Ich habe einen Zettel gefunden, der …« Der Mann unterbrach mich sofort: »Ja. Ich sage weiter nichts. Wäre es Ihnen unangenehm, sich auch noch bis morgen Nachmittag in Syrakus aufzuhalten?« Er wusste, dass ich dem Portier gesagt hatte, ich würde am späten Vormittag des nächsten Tages abfahren! »Nein, wenn es sich um etwas handelt, was sich lohnt …« Der Mann kicherte. »Und ob es sich lohnt!« Dann wurde die Stimme barsch: »Die Unterhaltung hat schon lange gedauert. Gehen Sie nur zum Nachtessen zu Ihren Freunden.« Er wusste sogar das! »Wie wollen wir also verbleiben, Signor …?« Er griff meine Einladung nicht auf, mir seinen Namen zu enthüllen. »Morgen früh um neun wird ein Auto Sie am Hotel abholen.« Er legte auf. So kam es, dass ich mich am nächsten Vormittag in einer Villa auf dem Land bei Bronte befand, wo ich, verstört und bewegt, ein Bündel uralter, schlecht erhaltener Papiere ansah, die, mitunter gefärbt, handschriftlich von Michelangelo Merisi, genannt Caravaggio, verfasst worden waren, und die er im Haus seines Freundes Mario Minniti während seines Aufenthalts in Syrakus nach der Flucht von Malta zurückgelassen hatte. Niemand auf der Welt, außer mir selbst und dem derzeitigen Eigentümer (jener Herr, der mich aufgefordert hatte, mich auf diese mysteriöse Weise mit ihm in Verbindung zu setzen), weiß von der Existenz dieser Schriften. Wenn dieser Herr mich über diese wertvollen Papiere hatte in Kenntnis setzen wollen, so war es aus einer Dankbarkeitspflicht. Er erklärte mir nämlich, meine Romane hätten das letzte Lebensjahr der einzigen Frau erleichtert, die er geliebt habe. Er fügte hinzu, dass sie es war, die ihn inständig gebeten hatte, mich in das Geheimnis einzuweihen. Er entschuldigte sich auch wegen des Winkelzugs, mit dem er über einen seiner Bediensteten Verbindung zu mir aufgenommen hatte und klärte mich darüber auf, dass die am Telefon angewandten Vorsichtsmaßnahmen dem Umstand zuzuschreiben waren, dass seine Leitung in jenen Tagen von der Polizei wegen einer schwer wiegenden gerichtlichen Angelegenheit abgehört wurde, doch darüber wollte er mir eigentlich nichts weiter erzählen.

Da wurde mir aus der Art, wie er sprach und sich bewegte, nicht ohne Unbehagen klar, dass ich im Begriff stand, etwas mit jemandem zu tun zu haben, der Verbindungen zur Mafia unterhielt. Er befürchtete, kurz gesagt, dass man irgendwie Kenntnis über diese kostbaren Papiere erhalten und sie beschlagnahmen könnte.

Ich versprach ihm, seine Anonymität zu wahren. Mir wurde zudem erlaubt, einige Seiten abzuschreiben und sie später zu veröffentlichen. Diese Seiten stelle ich hier in meiner Abschrift vor. Das bedeutet, dass ich hier und da in die sperrige, kantige Schreibweise Caravaggios, der ganz gewiss kein gebildetes Italienisch schrieb, eingegriffen habe. Mir ist bewusst, dass diese Eingriffe eine Einbuße an Kraft und Echtheit des Ausdrucks gegenüber dem Original bedeuten, doch bin ich ebenso davon überzeugt, dass Caravaggios Text an Verständlichkeit gewinnt. Ich fühle mich verpflichtet, darauf hinzuweisen, dass diese Seiten kein Tagebuch darstellen, ich glaube nicht, dass Caravaggio ein Mann war, der die Erinnerung an seine Tage aufschrieb, vielmehr handelt es sich um völlig ungeordnete, verstreute Blätter, eine Art Schmierkladde mit Anmerkungen, um daraus ein Erinnerungsbild zu gestalten, das irgendwem bei seiner ersehnten Rückkehr nach Rom als freier Mann vorgestellt werden sollte.

Die nachfolgenden Abschnitte betreffen Caravaggios Zeit auf Malta. Er machte sich auf Anraten des Priors Ippolito Malaspina von Neapel nach Malta auf, um nach einem Klosterjahr als Novize zum Cavaliere di Grazia, zum Gratialritter, des Malteserordens ernannt zu werden (nicht zum Cavaliere di Giustizia, zum Justizritter, einem Ritter durch Adelsrecht, da er ja nicht von adeliger Geburt war). Diese Ernennung hätte die Aufhebung des gegen ihn erlassenen Todesurteils zur Folge gehabt, das wegen Mordes an Ranuccio Tomassoni bei einer Schlägerei verhängt worden war. Von Neapel aus schiffte er sich auf einer Galeere des Fürsten Fabrizio Sforza Colonna ein. Die Colonna waren seine Beschützer.

… und als der Großmeister Alof de Wignancourt den ›Schreibenden Hieronymus‹ sah, für den er liebenswürdigerweise einwilligte, sein Gesicht abbilden zu lassen, verharrte er ziemlich lange in Schweigen. Danach sah er mich an und fragte mich, warum um ihn herum und ebenso auch hinter ihm ein jeglich Ding unkenntlich im Dunkeln liege. Ich erwiderte ihm, er sei das Einzige, was in meinem Auge leuchte, das doch nichts anderes zu sehen vermöge, als das Dunkel der Nacht. Der Großmeister zeigte ein kurzes Lächeln, vielleicht weil er in meinen Worten eine von meinem höfischen Schmeichel diktierte Würdigung seiner Person erblickte. Er begriff nicht, dass ich die Wahrheit sagte. In Neapel war mir seit langem schon das Licht des Tages unerträglich geworden, Ruhe fand ich nur in einem Zimmer, das in geeigneter Weise das Licht behinderte, oder wenn es Abend wurde und ich endlich auf die Straße gehen konnte. Eines Nachts hatte ich Gelegenheit, über diese Beschwerde mit einem jungen Lustmädchen zu reden, welches Celestina hieß und auch im Rufe stand, Magierin zu sein. Sie gab mir in der folgenden Nacht eine Ampulle mit einer dicken und recht dunklen Flüssigkeit und sagte mir, dass, wenn ich mir einen Tropfen von dieser Flüssigkeit auf die

Augen striche, ich direkt in die Sonne hätte starren können, ohne Schaden für meine Sehkraft davonzutragen. Nach einiger Zeit, als ich mich in ein Haus auf dem Lande begeben musste, um dort den Tag zu verbringen, strich ich auf jedes Auge einen Tropfen dieser Flüssigkeit. Und ich sah in die Sonne. Wie groß war mein Staunen, als ich bemerkte, dass die Sonne augenblicklich völlig schwarz wurde, wie bei einer Sonnenfinsternis, und von ihr ein schwarzes Licht ausging, das die Menschen und Dinge nicht gänzlich verdunkelte, sondern sie nur teilweise sichtbar ließ, gleich wie von einem künstlichen Lichte oder einer Kerze herausgeschnitten. Die Wirkung hielt bis zum Einbruch des Abends an. Am folgenden Tag war es verschwunden. Doch Celestina hatte mich nicht darauf aufmerksam gemacht, dass das Abbild der schwarzen Sonne sich einstellen konnte, auch ohne die Tropfen verstreichen zu müssen. Seit ich in Malta bin, stellt sich das (unleserlich) sehr häufig ein …

… Fra' Raffaele sagte mir, dass der Anblick der schwarzen Sonne Teufelswerk in höchstem Maße sei, und trug mir auf, die Ampulle zu zerschlagen, glaubte mir aber nicht, dass ich sie nicht bei mir und mit anderen Sachen in Neapel zurückgelassen hatte …

… Fra' Raffaele hat mich zu strenger Lebensführung ermahnt, damit ich dem nicht widerspreche, wofür der Großmeister sich meinetwegen einsetzte.

Er enthüllte mir, dass dieser trotz der Regel, die den Eintritt in den Orden demjenigen verwehrte, der sich mit Mord befleckt hatte, ein Bittgesuch an den Papst gerichtet, um die Erlaubnis zu erhalten, mir das Gewand eines Cavaliere magistrale anzulegen, eines Magistralritters, insofern ich eine »hochtugendhafte Person und von allerehrenwertesten Eigenschaften und Sitten« sei, obwohl ich einen Mord während einer Schlägerei begangen habe …

Der Großmeister freute sich sehr über seine Darstellung in einer Rüstung und mit dem Pagen, der den Helm hält. Lächelnd fragte er mich, aus welchem Grunde in diesem Porträt weniger Dunkelheit war als im ›Heiligen Sebastian‹. Ich antwortete ihm, dass ich anfinge, viel mehr Licht zu erkennen. Da fragte er den Pagen, der einer seiner Neffen aus der Picardie war, was er empfinde, sich dargestellt zu sehen, und der Page erwiderte, er empfinde gar nichts. Die Antwort verwirrte den Großmeister, ich dagegen vergnügte mich sehr, denn auch ich hatte, während ich dieses Bild malte, nichts empfunden außer einer kleinen Befriedigung wegen des Spieles zwischen dem weichen, diffusen Licht der Rüstung und dem hinter ihm liegenden Schatten …

Ich habe angefangen, an der ›Enthauptung Johannes des Täufers‹ zu arbeiten, und das schwarze Licht der schwarzen Sonne weicht nicht mehr von mir …

… Nachdem Fra' Raffaele mich beim Malen der Gefängnismauer gesehen hatte, vor der die Enthauptung stattfinden sollte, bat er mich, mit mir in der Zelle zu sprechen. Und dort, ohne dass ich ihm etwas über den Zustand gesagt hätte, in welchem ich mich befand, fragte er mich zuerst, ob die Enthauptung, die ich da malte, bei Tag oder bei Nacht stattfände. Ich antwortete ihm, dass ich den Grund für seine Frage wissen wollte. Da sagte er mir voller Besorgnis, dass er verstanden habe, dass das Licht der Enthauptung das Licht der schwarzen Sonne wäre. Er wiederholte mir, dass es sich um ein höchst diabolisches Zauberwerk handele. Er sagte mir, dass der Schöpfer die gesamte Materie erschaffen und beherrscht habe für seine Zwecke und Absichten und dass daher die umgekehrte Sicht der Sonne und ihres Lichts Gehorsam gegenüber dem nicht göttlichen Gesetz bedeute, es bedeute, dass man sein Gegenteil umschlinge, das Gegenteil der Absichten des höchsten Schöpfers. Wenn die Sonne Leben ist, ist die schwarze Sonne der Tod, sagte er weiter. Er riet mir zum Fasten und zum Beten. Doch ich weiß jetzt, dass meine gesamte Existenz, noch bevor Celestina mir die Flüssigkeit gegeben, unter dem Zeichen der schwarzen Sonne angefangen und sich fortentwickelt hatte …

Am Tag des Herrn, dem 14. Juli 1608, als der Großmeister kam, um den Stand des Gemäldes von der ›Enthauptung‹ zu sehen, legte er mir, während ich mich ehrerbietig vor ihm verbeugte, eine Hand auf die Schulter und sagte wie zum Gruße: »Cavaliere«, Ritter … Dieweil ich beinahe ohnmächtig wurde ob des Staunens und Glücks, enthüllte er mir, dass schon vor einigen Monaten Papst Paul V. seine Zustimmung zu dem Gewande gegeben, in Abweichung von der Regel, dass nicht zum Ritter ernannt werden könne, wer sich durch Mord befleckt habe, und dass er als Großmeister den Tag habe abwarten müssen, mit welchem mein Novizenjahr zu Ende ginge (was genau auf diesen Tag fiel), um mir die Nachricht zu überbringen. Und dies bedeutete, dass ich, sobald ich die ›Enthauptung‹ fertig gemalt hätte, als freier Mann nach Rom zurückkehren konnte, ohne einen Haftbefehl, weil diesermaßen die Verurteilung zum Tode verfallen war …

… hodie, um der Enthüllung der ›Enthauptung‹ mit dem Großmeister beizuwohnen, haben sich die acht Kapitularritter, der Kollegialmajor, der Inquisitor und Fra' Raffaele zusammengefunden. In der Stille, die sogleich nach dem Fall des Tuches eintrat, sprach der Inquisitor, der Einzige, der dazu das Recht hatte, als Erster. Er sagte, dass ihm der tote Täufer lebendiger vorkomme als die Lebenden. Bei diesen Worten sah mich Fra' Raffaele, der auf der Stelle erblasste, äußerst besorgt an. Doch der Inquisitor fügte nichts anderes hinzu und ging hinaus. Der Großmeister dagegen neigte sich zu mir, um mir zuzuflüstern, dass er noch niemals in einem Gemälde den Tod so wahrhaftig dargestellt gesehen habe. Da erwiderte ich, dass vielleicht nur der, welcher den Tod gegeben, die Wahrhaftigkeit des Todes zu malen verstehe. In diesem Augenblicke machte Fra' Raffaele, der sich lange vor der ›Enthauptung‹ aufgehalten, um sie aus der Nähe zu betrachten, einen Satz nach hinten, und ganz bleich im Gesichte fragte er mich, ob es auch wahr sei, was er zu sehen vermeinte, nämlich dass ich meine Signatur auf das Gemälde gesetzt und dafür das dem Täufer entströmende Blut verwendet hätte. Er war der Einzige, der dies bemerkt hatte. Ich sagte ihm, dass er recht gesehen. Da sagte er, dass so viel zu wagen höchste Blasphemie sei und ich großes Übel darum empfangen würde …

Die folgenden Abschnitte enthüllen den Grund, aus dem Caravaggio in Ungnade fiel und in der Festung Sant'Angelo eingekerkert wurde. Und sie erklären, wie es dem Maler gelang auszubrechen.

… der Großmeister, welcher sich als Mann von großer Tapferkeit in der Schlacht von Lepanto erwiesen, befolgte noch Bräuche, die längst schon anderen Zeiten anzugehören scheinen. Außer seinem Neffen hielt er noch drei weitere Pagen bei sich. Einer von ihnen, mit Namen Aloysio, war von sanfter Art und allerschönstem Aussehen und pflegte häufig in meine Zelle zu kommen. Er ähnelte ganz meinem Gemälde mit dem Namen ›Der siegreiche Amor‹. Eines Tages, als er bei mir war, erzählte er mir von einer Unartigkeit, die ihm von dem Pagen-Neffen zugefügt worden, und fing heftig an zu weinen. Ich nahm ihn in meine Arme, um ihn zu trösten, worauf er mich zärtlich küsste. In genau diesem Augenblicke flog die nicht fest verschlossene Türe unter der Wucht eines Justizritters auf, dessen Namen ich nicht nenne. Dieser hatte sich in Aloysio verliebt und wurde, da er uns umschlungen sah, von blinder Wut erfasst. Er entblößte sein Schwert und hielt es mir an die Brust. Doch im Handumdrehen war ich aufgesprungen und brachte ihn mit Leichtigkeit unter meine Kontrolle und warf ihn aus meiner Zelle, wobei ich ihn mit seiner eigenen Waffe in seinen Hintern pikste, dieweil Aloysio sich vor Lachen auf dem Boden wälzte. Einige Tage darauf sagte dieser miserable Justizritter durch Adelsrecht Fra' Raffaele, er habe durch Aloysio erfahren, dass ich zum Malen des Schädels des ›Schreibenden Hieronymus‹ in die Farben auch ein wenig meines natürlichen Samens gemischt, nachdem ich vorher den Dämon angerufen hätte. Diese lächerliche Beschuldigung reichte aus, mich in die Festung Sant'Angelo zu sperren. Vergebens flehte ich, vom Großmeister angehört zu werden, um mich zu verteidigen, indem ich die Wahrheit darlegte …

… Fra' Raffaele ist gekommen, um mir zu sagen, dass er der Beschuldigung glaube. Doch hat er mir auch versichern wollen, dass er kein Wort auf Befragen sagen werde über das, was ich ihm über den Anblick der schwarzen Sonne gebeichtet hätte. Es scheint, der Inquisitor in Person habe seinen unwiderruflichen Willen erklärt, Licht in die Beschuldigung zu bringen, die gegen mich erhoben worden, Zauberkünste ausgeführt zu haben. Darüber werde er, sagte mir der Frater, mit dem Großmeister gleich nach den jährlichen Feierlichkeiten zur Erinnerung an die Schlacht von Lepanto sprechen …

… und so wurde es notwendig, so bald als möglich aus der Festung zu fliehen …

… nachdem Mario Minniti von einem Seemanne zufällig die Nachricht von meiner Inhaftierung auf Malta wegen einer derart schweren Beschuldigung erfahren hatte, war er außerordentlich besorgt, und nachdem er Audienz beim Admiral Don Fabrizio Sforza e Colonna erhalten, welcher sich in Syrakus befand mit seinen Galeeren, um sich nach Malta aufzumachen, wo er am Schiffstournier zur Erinnerung an die Schlacht von Lepanto teilnehmen wollte, sprach er heimlich mit diesem und erhielt freigiebige Hilfe. Als Minniti rasch nach Messina eilte, heuerte er mit beträchtlichem Geld für seine Sache einen gewissen Minicuzzo an, der als der tapferste und stärkste Harpunier für Schwertfisch und Thun galt, den das Meer zwischen Skylla und Charybdis je gesehen, und mit diesem kehrte er nach Syrakus zurück, wo sie sich auf einer Galeere des Admirals einschifften. Daselbst angekommen, versah er sich mit einem schnellen Boote und vier besonders kräftigen tunesischen Ruderern. Danach traf er sich heimlich mit dem Kapitän eines Rammschiffes, welches Seide zwischen Malta und Syrakus schmuggelte. Nachdem das getan war, erhielt er die Erlaubnis, mich in der Festung zu besuchen. Da erklärte er mir zu meiner Überraschung, dass alles für meine Flucht bereit sei, die am nämlichen Tag des Schiffstourniers stattfinden sollte, weil sämtliche Wachen der Festung ihre Aufmerksamkeit auf das besagte Tournier lenken würden, das in den westlichen Gewässern zwischen Marsa Grande und Marsamuscetto ausgetragen würde. Er sagte mir, die Barke würde von Osten hergelangen und dass ich bei den ersten Kanonenschüssen des Tourniers mich an dem Fenster bereithalten sollte, das kein Gitter habe, sich aber zu einem Abgrund von zwanzig Metern hin öffne, der auf eine immer von starken Wellen geschlagene schreckliche Felsenbarriere ende. Nachdem ich ihn gefragt, wie ich die Felsen unten erreichen sollte, wenn nicht durch einen Sturz aus dem bezeichneten Fenster, antwortete Minniti mir scherzhaft, dass ich mir mit meinen Zauberkünsten ja Flügel wachsen lassen könne, und mehr wollte er nicht sagen …

… beim ersten Kanonendonner, der den Beginn des Tourniers ankündigte, stellte ich mich wie abgesprochen an das Fenster. Von dem Tourniere konnte ich nichts sehen, weil es sich im Westen zutrug, wohingegen ich im Osten sehr gut das ziemlich stürmische Meer sah, auf dem aber keine Segler oder Boote waren. Nach einer Stunde des Wartens sah ich wie durch Zauber einen schmalen, langen Kaik mit vier Ruderern und einem aufrecht stehenden Mann am Heck über das Wasser gleiten. Der Kaik hielt direkt auf die gefährlichen Felsen unter meinem Fenster zu, und das mit einer derartigen Schnelligkeit, dass ich dachte, er würde verhängnisvollerweise an ihnen zerschellen. Während der Kaik näher kam, konnte ich bereits die Stimmen der Ruderer hören, die in einem Unisono den Rhythmus auf ooooh, ah, ooooh, ah schlugen, und ich sah, dass der Mann am Heck sich aller

Kleidungsstücke entledigte und nackt dastand. Dann nahm er vom Boden des Kaiks das, was mir wie eine lange Eisenstange vorkam, die er fest in der rechten Hand hielt. Als es mir schließlich unmöglich schien, dass die Ruderer den Aufprall auf die Felsen noch vermeiden konnten, und ich mich aus dem Fenster gebeugt hatte, um ihnen zuzuschreien, die schnelle Fahrt einzustellen, drehte das Boot sich plötzlich um sich selbst und zeigte mit dem Bug hinaus, dergestalt dass die Ruderer mit all ihrer Kraft gegen die verhängnisvolle Fahrt ankämpfen konnten. Genau in diesem Augenblick beugte sich der junge Nackte, der sich mir jetzt gegenüber befand, langsam ganz nach hinten, wie ich es bei einem menschlichen Körper niemals für möglich gehalten hätte, ohne dass er das Gleichgewicht verliert und nach hinten stürzt, dabei hob er zugleich das, was mir wie eine Eisenstange vorgekommen war, zum Himmel hinauf, und jetzt erst begriff ich, dass dies eine Harpune war. Für mich sah es aus, als wäre der Körper des Jungen zu einem aufs höchste gespannten Bogen geworden, um den Speer wegzuschleudern, nicht mehr Fleisch und Blut, sondern mörderische Todeswaffe, und einen Augenblick später, dieweil er einen gewaltigen Schrei ausstieß, der sogar mir in den Ohren dröhnte, schleuderte er die Harpune ab, die unmittelbar und pfeilschnell auf mein Fenster zuschoss. Und die Harpune trug ein Seil bei sich. Ich konnte gerade noch zur Seite springen, als die Harpune mit gewaltigem Scheppern in mein Zimmer fiel. Nachdem ich das Ende des Seils frei gemacht und an einem Eisen des Fensters befestigt hatte, warf ich die Harpune ins Meer, zog mich nackt aus und ließ mich, das Ritterkreuz im Munde haltend, an dem Seile herab. Groß war die Anstrengung, und mehrmals fürchtete ich, ich könnte loslassen, als der Wind mich mit Macht gegen die Festungsmauer schleuderte. Auf halber Höhe waren meine Hände abgeschürft und blutig, auch meine Schultern bluteten, die manchmal, sich drehend, mit aller Gewalt gegen die Mauersteine schlugen. Als ich die Felsen ohne noch Kraft zu haben erlangte, gab ich dem Harpunier, der mitverfolgt hatte, wie ich mich herunterseilte, ein Zeichen, dass ich mich erst ausruhen müsste. Es fehlte mir auch an Mut, mich von diesen Felsen ins Meer herunterzulassen, an denen die Wellen mit großem Getöse zerschlugen. Da warf sich Minicuzzo, welcher der Harpunier war, ins Meer und schwamm, als wäre er ein Meeresgeschöpf, erreichte kühn die Felsen, gelangte an meine Seite und machte mir Mut …

… Der nämliche Kaik brachte Minicuzzo und mich, halbtot, zu dem schmuggelnden Rammschiff, wo Mario Minnitti uns erwartete. So war es, dass wir, einer Route folgend, die nicht von der maltesischen Flotte befahren wurde, endlich Syrakus erreichten …

Die nachfolgenden Seiten erzählen, wie Caravaggio den Auftrag für das ›Begräbnis der heiligen Lucia‹ erhielt, Schutzpatronin der Stadt Syrakus, für die Kirche gleichen Namens, und wie er, nachdem die Arbeit zu Ende gebracht worden war, nach Messina fliehen musste.

… da sich die Nachricht, dass ich in Malta in Ungnade gefallen war, noch nicht verbreitet hatte, ich also durchaus noch Ritter des Ordens war und als solcher von der Mordschuld reingewaschen, bediente Minniti sich all seiner Redekunst, um den Senat der Stadt und den Bischof Orosco zu überreden, mir einen Auftrag zu erteilen. Daher trug mir Bischof Orosco an, eine ›Beerdigung der heiligen Lucia‹ für die der Heiligen geweihte Kirche zu malen, die sich im Ortsteil Porto Piccolo erhob. Ich hatte auch eine Unterkunft in dem nahe gelegenen, wenig bewohnten Konvent gefunden, den sie völlig wiederherstellen, nachdem er lange Zeit aufgegeben war …

… Die wahrscheinliche, genauer gesagt sichere Entziehung des Gewandes wird mich erneut der päpstlichen Verfolgung aussetzten, die wegen des sicheren Rauswurfs aus dem Orden und meiner Flucht umso härter ausfallen wird. Vor einigen Tagen hat ein Abgesandter des Priorats sich Minniti genähert und ihm mit weitschweifigen Worten erklärt, dass, sofern ich nach Malta zurückkehrte und mich der Justiz des Großmeisters überantwortete, das Urteil weniger schmachvoll ausfallen würde. Ich habe kein Vertrauen, ich will nicht nach Malta zurückkehren, sie haben meine Flucht als höchste Ungebührlichkeit gegenüber ihrer Autorität betrachtet. Ich habe mich allerdings darauf beschränkt, das Kloster nur zu verlassen, um zur Kirche der heiligen Lucia zu gehen …

… nach vielen Nächten, in denen ich kein Auge zumachen konnte und meine Gedanken immer darauf gerichtet waren, welches Schicksal die von Malta ausgehende Verurteilung für mich bereithalten würde und wo ich einen Ausweg finden könnte, um sowohl den Schergen des Papstes als auch der gewisslich schlimmen Rache der Ritter zu entgehen, ist mir etwas widerfahren. Als es Nacht geworden, wollte ich mich hinlegen, da hörte ich ein derartiges Knurren, das vom Fenster her kam, welches niedrig war, da sich meine Zelle im Erdgeschoss befindet. Bei Kerzenlicht habe ich einen schwarzen Hund hereinspringen sehen, der zu den größten gehörte, die ich je gesehen, mit struppigem Fell, roten Augen, die wie Glut aussahen, mit bedrohlich bleckenden Zähnen und weißem Sabber, der ihm aus dem Munde troff. Nachdem er wieder zu sich gekommen war, bereitete er sich vor, auf mich zu springen. Als ich den Dolch packte, der auf dem Tische lag, sobald der Hund auf mich zusprang und die Zähne auf meinen Hals richtete, glitt ich allsogleich nach hinten, und als er über mich wegsprang, stieß ich ihm die Klinge tief in den Bauch und schnitt ihn auf. Ich spürte, wie sich von der Hand aus in meinem ganzen Wesen eine Erschöpfung der Sinne ausbreitete, wie man sie empfindet, wenn man mit einer Frau geschlafen, die gleiche, die ich hatte, als ich mit dem Degen Ranuccio zu Tode gebracht. Das Tier, das wie aufgespießt in der Luft hing, während sein Blut, das so heiß war, als würde es kochen, sich über mein Gesicht und meine Brust ergoss, danach brach er tot über mir zusammen. Ich schob ihn von mir weg und fiel in einen tiefen, festen Schlaf, der die ganze Nacht über währte. Als ich aufwachte, stand die Sonne schon hoch, und ich entdeckte, dass die Karkasse des Hundes verschwunden war und es keine einzige Spur von Blut weder auf dem Boden noch in meinem Gesicht und auf der Brust gab. Hatte ich alles nur geträumt? Aber warum hielt ich dann beim Aufwachen noch den Dolch in der Hand? …

… Ich habe beschlossen, dass das Gemälde der ›Beerdigung‹ im Vordergrund die beiden Totengräber haben wird, die ich vergangenen Tags auf dem Friedhofe sah, dieweil sie eine Grube aushoben. Einer von ihnen, der sah, wie aufmerksam ich ihre Arbeit beobachtete, fragte mich spöttelnd, ob es mir wohl gefallen würde, in einem von ihnen geschaufelten Grabe zu liegen. Ich antwortete, ein Grab sei so gut wie das andere, doch er sagte mir, das stimme nicht, weil jeder Tote ein ihm angemessenes Grab haben müsse. Ich werde es so machen, dass der Körper der Heiligen längs dem gerade begonnenen Grab hingelegt sei, so als ob die Totengräber von ihr das rechte Maß nehmen würden …

… Gestern, nach zwei Tagen und zwei Nächten mit Regen, habe ich, als ich durch den Kreuzgang des Klosters ging, einen Menschenkopf gesehen, welcher in einer Wasserlache zu liegen gekommen war. Er war struppig, unter dem durcheinander gebrachten Lippenbart hielt er den Mund so geöffnet, als hätte er grausame Schmerzen, und man konnte seine beschädigten gelben Zähne erkennen. Als ich eine Bewegung machte, bewegte sich auch der Kopf in der Lache, und da begriff ich, dass ich es war. Ich hatte mich nicht wiedererkannt …

… diesen Durchgang, so eng, dass jeweils nur ein Mensch hindurch konnte, aber von niemandem benutzt wurde, nahm ich oft, sowohl wenn ich zur Kirche ging als auch wenn ich von ihr zurückkam. Vorgestern, bei Sonnenuntergang, war ich in diesem Durchgang und befand mich auf dem Rückweg zum Konvent, als aus einem eingestürzten Tor ein Engel trat, der mir mit seinen ausgebreiteten Flügeln den Weg versperrte. Dieser Anblick schien mir ein gutes Zeichen zu sein, zumal der Engel mich anlächelte und, nachdem er die Flügel zusammengefaltet, sich an die Mauer stellte, um mir den Weg freizugeben. Ich erkannte ihn wieder, als ich auf ihn zuging. Er war derselbe junge Engel, den ich neben dem heiligen Matthäus gemalt hatte. Sobald ich auf gleicher Höhe war, machte er eine Bewegung, die mich auf der Stelle aller meiner Kleider entledigte, und mit der Fingerspitze berührte er die tiefe Wunde, die ich Jahre zuvor auf dem Campo Marzio durch den Bruder von Ranuccio Tomassoni zugefügt bekommen hatte, während ich versuchte, meinen Freund Antonio da Bologna seiner Wut zu entziehen. Sobald er mich berührt hatte, öffnete sich die Wunde erneut, und frisches Blut quoll daraus hervor, dieweil ich zur Erde sank und wegen des unerträglichen Schmerzes das Bewusstsein verlor. Ich wachte wieder auf, als Minniti, der auf der Suche nach mir war, mir liebevoll Hilfe leistete und mich fragte, wer mich meiner Gewänder entkleidet habe. Ich sagte, es wären zwei Taschendiebe gewesen, zumal die Wunde nicht aussah, als würde sie sich aufs Neue öffnen. Ich habe die ganze Nacht über wegen eines ungeheuerlichen Kopfschmerzes nicht geschlafen …

… heute morgen, als ich in die Kirche gekommen war, um weiter an der ›Beerdigung‹ zu arbeiten, habe ich mit großem Erstaunen und ebenso großer Bestürzung gesehen, dass das Chorhemd des jungen Diakons, den man im Hintergrund, aber zwischen den beiden Totengräbern, sehen konnte und der aufrecht neben dem Körper der Heiligen stand, das ich schon vor langer Zeit weiß gemalt hatte, über Nacht rot geworden war. Vergeblich habe ich den ganzen Vormittag über versucht, das Chorhemd wieder weiß werden zu lassen, doch kaum hatte ich darübergemalt, veränderte sich die Farbe und wurde wieder rot. Am Ende gab ich auf, ich habe diesem Rot alle anderen Farben angleichen müssen …

… eben hatte ich die ›Beerdigung‹ gerade fertig gestellt, als Minniti sich ganz hilflos bei mir einfand, welcher mir sagte, er habe erfahren, dass die Verurteilung aus Malta eingetroffen sei. Diese beraubt mich des Gewandes und erklärt mich zum *membrum putridum et foetidum* (zum fauligen, stinkenden Glied). Minniti sagte mir auch, dass einer seiner Freunde des Senates der Stadt mir geraten habe, Syrakus zu verlassen und nach Messina zu eilen, wo ich, weil die Stadt größer und bevölkerungsreicher sei, weniger leicht auffallen, erkannt und verhaftet würde. Außerdem sei Messina wegen des Seidenhandels eine sehr reiche Stadt …

… dass ein gewisser Kaufherr namens de' Lazzari aus Genua mir tausend Scudi für ein Gemälde angeboten, das für den Hauptaltar der Kirche der Kreuzesträger-Patres in Messina bestimmt sein soll. Minniti fügte hinzu, ich könne in aller Ruhe arbeiten, weil der mächtige Orden der Kreuzesträger mich im besten Saale ihres Fremdenhospizes im Schutz vor dem Papste und den Malteserrittern behalten würde …

… morgen reise ich nach Messina ab …

Ich konnte mit der Transkription nicht fortfahren, ich wurde höflich, aber sehr bestimmt daran gehindert. Im Oktober desselben Jahres hatte ich verschiedentlich versucht, Kontakt zu dem unbekannten Eigentümer der Papiere Caravaggios aufzunehmen. Meine Anrufe blieben ohne Antwort. In der Folge ließen mich Freunde in Syrakus wissen, dass dieser Herr, von dem sie mir den Vor- und Zunamen nannten, in ein südamerikanisches Land umgesiedelt sei. Doch leider würden sie seine Anschrift nicht kennen.

Arnold Stadler **Salvatore** Mit der Narrenfreiheit des Dichters geschriebene Vergegenwärtigungen Caravaggios und seines Bildes *Die Berufung des heiligen Matthäus* in San Luigi dei Francesi zu Rom

1. Kleine Mörderkunde – Genealogie eines Mörders

Vom ersten Mörder unserer Geschichte wissen wir, weil er gleich am Anfang der Bibel und fanalartig von Anbeginn an für die Möglichkeiten des Menschen steht. Kain, der Sohn von Adam und Eva und damit der erstgeborene Mensch (seine Eltern wurden ja nicht geboren, sondern geschaffen), erschlug seinen jüngeren Bruder Abel aus Neid.

Doch von den meisten der zahllosen, Kain folgenden Mörder (die vielleicht auch von jenem Set abstammen, einem weiteren Sohn Adams, den dieser im Alter von 130 Jahren zeugte, wie wir im 5. Kapitel des ersten Buches der Heiligen Schrift, dem Buch Genesis, erfahren) wissen wir nichts. Und auch von Caravaggio wüssten wir nichts mehr und wissen nicht deshalb von ihm, weil er ein Mörder war, sondern weil er uns und unseren Augen Bilder hinterlassen hat, geschenkt sozusagen, grandiose Geschenke wie ›Die Berufung des heiligen Matthäus‹ in der Kirche San Luigi dei Francesi mitten in Rom, nur ein Augenblick, und doch gemalt für immer.

2. Vielleicht übersieht er mich

Caravaggio hat den Augenblick gemalt, da Jesus (Il Salvatore, der Erlöser, im Folgenden zumeist Salvatore genannt) auf diese Leute, Zöllner, als Kollaborateure mit der römischen Besatzungsmacht verschrien, stößt und mit seiner Hand in die hinterste Ecke zeigt. Dort sitzt einer vor seinem Geldhaufen und duckt sich wie in der Schule.

Vielleicht übersieht er mich … Aber diese Hand weist geradewegs auf ihn: Komm her du … »Schwein« sagt er nicht. Deinetwegen bin ich hierhergekommen. Im Gesichtsausdruck Salvatores ist nicht eine Spur von Zweifel, dass dies der Richtige ist. Aber vielleicht ist der auch nur müde. Das Leben ist anstrengend. Da hebt einer seine Hand, als wäre sie die Hand des Adam aus Michelangelos Sixtinischem Fresko. Und gleichzeitig hat sie einen Gestus, als wäre nicht nur der sich irgendwie duckende Matthäus gemeint, sondern jeder, der dieses Bild sieht, als würde Matthäus nur stellvertretend für uns da sitzen.

Salvatore zeigt auf einen ganz hinten – und doch so entschieden und ganz ohne Zweifel, als müsste der, auf den gezeigt wird, jeden Augenblick aufstehen und tun, was das Bild sagen will: aufstehen und folgen, so wie im Matthäusevangelium, dessen Vers 9 aus Kapitel 9 Caravaggio in ein Bild umgesetzt hat, das hier an der Wand hängt. Folge mir nach! Das Licht führt den Gedanken aus und gibt

ihn auch über diese Hand weiter. Mit der Hand kommt das Licht, das von Salvatore, von der einen Seite der Welt dieses Bildes bis an sein anderes Ende reicht.
Und was ist mit dem einen Bein des Zöllners und späteren Apostels? Als wäre
es ein gigantischer Phallus, auf gut Deutsch: Riesenschwanz, etwas Priapisti-
sches, mein Gott, bist du gescheit – Es zeigt, mit einem Neigungswinkel zum
Verschwinden, nach unten, verfolgt eine absteigende Linie. Und das soll jetzt alles zu Ende sein? Und überhaupt, was ist mit dem Leben unterhalb der so genannten Tischdecke auf diesem Bild? Was mit den *partes inhonestae* dieser
Menschen, den Beinen, die ein Eigenleben führen, das auch fanalartig auf-
scheint. Was ist vor allem mit dem Breitbeinigen in der Bildmitte, der sich rück-
lings den Augen des Betrachters, jedem, der in der Seitenkapelle vor ihm steht,
anbietet? Ein toller Kirchenmaler! – Diese Männer am Tisch sind noch ganz in
ihrer Lasterhaftigkeit, die vielleicht nur darin besteht, dass sie in das tägliche Leben verstrickt sind, gefangen, im Augenblick, da Salvatore einbricht in ihre
Welt. Diese Welt bildet zwar noch den Mittelpunkt des Gezeigten (während ich
von Salvatore im rechten oberen Bildrand fast nichts sehe, als wäre seine Welt
noch nicht darstellbar), aber die hier gezeigte Hauptsache ist der unsichtbar im
Raum stehende Satz, der von der Figur rechts oben mithilfe der Hand und des
Lichtstrahls zu jener links unten sitzenden Person reicht. Folge mir nach! Oder:
Komm! Und geh mit mir.
Es ist ein Hereinkommen und Erscheinen, ob es nun in einen Raum oder eine
Welt ist, egal. Es ist beides, kann auch im Freien sich abspielen. Vor einer Wand
auf alle Fälle, die nun keine Wand mehr ist, sondern ein metaphysisches Zeichen. (Das Wort Metaphysik kommt von »meta ta physica« – nach den Dingen
– oder Büchern – der Physik – im Kopf oder im Regal des Aristoteles.)
Ob dieses Bild einen Innen- oder Außenraum zeigt, das sollen die Kunsthistoriker klären. In der Bibel ist es ja auch nicht gesagt. Und so lässt der worttreue
Caravaggio – wie die Bibelstelle – beide Möglichkeiten offen. Das Bild aber
scheint eher dafür zu sprechen, dass die Begegnung der beiden im Freien statt-
fand, vielleicht nachts, auch das Fenster und die Wand sprechen dafür. Warum
nicht im Freien? Die päpstlichen Beamten saßen doch nicht in klimatisierten
High-Tech-Office-Towers. In Italien stellen die Menschen doch immer noch die
Stühle nach draußen, wenn auch immer seltener, ihr Abend ist nun auch schon
ein Fernsehabend; und so fein war die Gesellschaft doch auch nicht, auf die er
stieß: es war ja kein Gipfeltreffen, damals, als Salvatore auf diese Zöllner stieß
(für die Weltgeschichte schon) und die Runde, die da auf diesem Bild herum-
sitzt. Ist es auch nicht. Petrus, der Fels, sein Vize, hat sich schon davorgestellt
und dazwischengeschoben, vor jenen, der nicht von dieser Welt ist, hat sich vor
Salvatore gestellt als Zwischeninstanz und ganz schon als Vermittler, als welchen

sich die Kirche um 1600, als das Bild gemalt wurde, verstand und nach wie vor versteht. Das Bild hält den Augenblick fest, in dem alles umkippt, die Welt eine andere wird, wenigstens für Matthäus. Kurz bevor Matthäus *Ja* sagt, das heißt: *Nein!* zur Welt, die bisher die seine war. Die in der Bildmitte gemalten *partes in-honestae*, die angedeuteten Schwänze, Beine, Füße und Ärsche also, sind kaum oder gar nicht verhüllt. Dagegen sind die Oberkörper der Figuren nachgerade ausstaffiert, nach der Weise von 1600 im päpstlichen Rom, festliche Gockel sitzen da am Tisch, als wollten sie der Welt imponieren, auch noch hier, im Clairobscur, eine *Bella Figura* machen, als hätten sie später noch ein Rendezvous, wenigstens die Jungs mit ihrem Kopfputz, vielleicht sogar beide miteinander.

Jeder Veranstalter von Lesungen weiß, dass man den unteren Teil des Künstlers auf dem Podium nicht sehen sollte, also kommt eine Tischdecke, die bis zum Boden reicht, oder ein nicht einsehbares Möbel auf die Bühne. Nicht aber bei Caravaggio. Er zeigt alles, gerade dieses. Als hätte er schon die Plakate an den amerikanischen Highways, auf denen *We bare all* steht, vorwegnehmen wollen. Bei Caravaggio kommen so das Himmlische und das Irdische auf engstem Raum zusammen und werden von einem Licht ausgeleuchtet. Wie man sich das um 1600 vorstellte, und wenn einer malen konnte wie Caravaggio.

Im ersten Augenblick ist er (Matthäus) ganz unwillig. Mit einem Ausdruck von *Ich war's nicht!*, als hätte er etwas ausgefressen. Oder mit einem *Warum ausgerechnet ich!* auf dem Gesicht, *soll er doch einen anderen nehmen! Es sitzen doch noch andere am Tisch!* Warum gerade er? Die anderen sitzen doch auch noch da. Soll doch einer von denen mit! Das kennen wir schon aus den Berufungsgeschichten der Propheten … Jona will nach Tarschisch fliehen (unter uns gesagt war das das damalige Ende der Welt, hinter den Säulen des Herkules) und landet im Bauch des lange so genannten Walfischs. Oder Jeremia: *Nimm einen anderen … ich bin zu jung … ich kann ja nicht reden* – und was die Ausreden der Berufenen von Anfang an waren, schließlich folgte der Berufung ein entsprechendes Leben und oftmals ein entsprechender Tod. Das ahnte dieser Matthäus. Und Caravaggio wusste es. Was im Falle des Matthäus folgte, hat der Maler auf der der Berufung gegenüberliegenden Seitenwand der Contarelli-Kapelle verewigt: es sind Szenen wie aus Abu Graib. Die Gnade der Nicht-Berufung und des Unglaubens … vielleicht träumte der Zöllner noch einen Augenblick lang davon, kurz bevor er aufgab und *Ja* sagte. *Dann komme ich eben, wenn es so sein soll.* So viel steht fest: begeistert war er nicht. *Was will denn der?* scheint er, dieser junge Mann, der ganz anderes im Kopf hat, sich zu sagen, der ganz hinten sitzt und sich duckt, vom Finger der Person aus gedacht, die da hereinkommt wie in eine Welt, auf ihn zeigt und alles durcheinanderbringt. Bevor diese Tür aufging, war die Welt noch eine andere.

Wir können ja nicht hineinsehen in dieses nach unten gerichtete, eher mürrische als nachdenkliche Gesicht, das mit seinem Tisch und Stuhl und Geld verwachsen scheint, aber wir kennen die Folgen: jener Matthäus stand am Ende dann doch auf, was in diesem Augenblick noch gar nicht vorstellbar ist, von diesem Tisch weg folgte er diesem Salvatore und änderte, *as a matter of fact*, sein Leben in einer Weise, von der Rilke vielleicht träumte, als er – angestoßen vom Apollinischen Torso im Belvedere – die Zeile: *Du musst dein Leben ändern* auf sein Büttenpapier schrieb. Matthäus änderte sein Leben tatsächlich, so sehr, dass es irgendwann als Vorlage für das Bild auf der gegenüberliegenden Seitenwand in der Contarelli-Kapelle, eine Folterszene, dienen konnte.

Tatsächlich, für die hier gezeigten Menschen, die doch gelebt haben, aber gar nicht so heiligenmäßig, Anno Domini 1600 in Rom, die auf diesem Gemälde so deutlich zu sehen sind, änderte sich wohl nichts, so wenig wie für Rilke, der weiterhin seine Gedichte auf Büttenpapier schrieb. Die Leute, die hier gemalt und verewigt sind, sind wahrscheinlich sitzen geblieben, nur zum Weinholen aufgestanden und so fort, sind wiedergekommen, haben sich gesetzt und sind irgendwann, aber gewiss, gestorben, wahrscheinlich nicht vom Rauchen, sondern an einer Krankheit ihrer Zeit, vielleicht an der Syphilis oder sonst einer Krankheit, für die es noch gar keinen richtigen Namen gab, die genauso zum Tod führte wie das Leben zu allen Zeiten und auch heute zum Tod führt, unter den jeweiligen Umständen der Zeit, und sind aus der Geschichte verschwunden. Spätestens in der zweiten Hälfte des 17. Jahrhunderts müssen alle, auch die Jungen, die für Matthäus und Jesus-Salvatore Modell gestanden haben, gestorben gewesen sein. Auch Caravaggio starb, einsam, auf dem Weg zurück nach Rom, nach jahrelanger Flucht, ohne sein Bild und seine Stadt und seine Menschen wiedergesehen zu haben. Sein Bild aber, gemalt Anno Domini 1599 auf 1600, hängt nun seit über 400 Jahren in der Contarelli-Kapelle, Öl auf Leinwand, 322 x 340 cm, und zeigt, beinahe raumfüllend, wobei ungewiss ist und bleibt, ob es sich um einen Außen- oder Innenraum handelt, sieben Männer unterschiedlichen Alters, fünf davon um einen Tisch sitzend und zwei von ihnen stehend, einen mit Heiligenschein.

War das eine Bildbeschreibung?

3. Folge mir nach!

Das Bild ist vielschichtig, es zeigt am Tisch, wo die Leute beisammensitzen, essen, trinken und leben, die Sünder. Aber sie hatten Besuch, haben Besuch und werden Besuch haben. Und zwar von keinem anderen als von Salvatore, dem Erlöser persönlich, der mit Petrus, dem ersten Papst, sich des armen Menschen annimmt. So könnten auch Matthäus und die Menschen von einst ausgesehen haben, sahen sie tatsächlich zur Zeit Caravaggios aus: er hat sie geradewegs auf die Leinwand gemalt. Auch dieser Jesus sieht wie einer von ihnen aus, doch im Gegensatz zu ihren zögerlichen und unentschiedenen, diesseitigen Gesichtern hat er einen Gesichtausdruck wie bei der Tempelreinigung und wie auf dem Fresko des Jüngsten Gerichts in der Sixtinischen Kapelle. Diese Hand sagt: *Du!* sagt: *Komm!* Wer sagt, dass Bilder nicht sprechen können? Und keine Sprache haben? Sie sollen ihr Leben ändern. Was das für ein Leben war, weiß man, wenn man die Referenzstelle bei Matthäus kennt. Und auch das Leben der hier Abgebildeten, das längst vorbei ist, kann ich mir dazudenken.

Auch für einen Kunsthistoriker oder auch nur einen, der auf dieses Bild stößt, wäre es hilfreich, die Bibel zu konsultieren, genauer: das so genannte Neue Testament, welches der christliche Teil derselben ist, mit den vier Evangelien darin, deren erstes das Evangelium nach Matthäus ist, das Evangelium der Kirche genannt, in dem man, in Koine-Griechisch im ersten Jahrhundert nach Christus verfasst, obige Stelle nachlesen kann. Und noch mehrere Berufungsstellen, auch jene, auf die sich der Papst beruft in seinem Anspruch, Stellvertreter Christi zu sein: Du bist Petrus (d. h. der Fels), und auf diesen Fels werde ich meine Kirche bauen.

Es kommt vielleicht dem Sehen zugute und schadet nicht, auch einmal jenen dem Caravaggio-Bild zugrunde liegenden Bibelvers bei Matthäus nachzulesen. Das hilft möglicherweise auch, das Bild besser zu verstehen (man darf ja nichts unversucht lassen …). Er, der primäre Referenzvers zu diesem Bild, ist jedenfalls nicht in der Apostelgeschichte zu finden, wie ich in einem gelehrten italienischen Caravaggio-Buch las. Es war das Matthäusevangelium, welches dem Maler vorlag bzw. vorgelegt wurde, und nicht sonst ein Evangelium oder eine heilige Schrift, als er sich daranmachte, dieses Bild zu malen. Erst ließ er sich die Stelle, die Stellen bei Matthäus in der Vulgata zeigen, der lateinischen Version der Bibel, die seit dem Konzil von Trient als die authentische Version der Heiligen Schrift galt. Oder er las selbst nach. Das leuchtet ein. Das Matthäusevangelium kennt gleich drei Berufungsgeschichten von Jüngern:

a) Mt 4, 18: »Als Jesus am See von Galiläa entlangging, sah er zwei Brüder, Simon, genannt Petrus, und seinen Bruder Andreas; sie warfen gerade ihr Netz in den See, denn sie waren Fischer. Da sagte er zu ihnen: Kommt her, folgt mir nach! Ich werde euch zu Menschenfischern machen. Sofort ließen sie ihre Netze liegen und folgten ihm. Als er weiterging, sah er zwei andere Brüder, Jakobus, den Sohn des Zebedäus, und seinen Bruder Johannes; sie waren mit ihrem Vater Zebedäus im Boot und richteten ihre Netze her. Er rief sie, und sogleich verließen sie das Boot und ihren Vater und folgten Jesus.« Aus dieser Berufungsszene hat, wie aus dem ganzen Matthäusevangelium, Pier Paolo Pasolini, der ja auch in Rom lebte und für seinen Film keine Schauspieler nahm, so wenig wie Caravaggio für sein Bild, einen wunderbaren Streifen gemacht. Unmittelbar auf die Erstberufung von Petrus, Andreas, Jakobus und Johannes folgt im Evangelium die so genannte Bergpredigt.

b) Mt 9, 9 ff.: Dies ist die Berufung des Matthäus, die Referenzstelle von Caravaggios Bild. Diese Bibelstelle hat Caravaggio in San Luigi dei Francesi gemalt. Es folgt meine Übertragung aus dem neutestamentlichen Griechisch: »*Und als Salvatore von da weiterging, sah er einen Menschen beim Zoll sitzen, das war Matthäus. Komm her und geh mit mir! Folge mir nach! So Salvatore. Und Matthäus stand auf und folgte ihm auf der Stelle. Bald saßen sie zusammen mit Zöllnern und anderen, mit allen möglichen Sündern am Tisch. Und als scheinheilige Fromme dies sahen, sagten die zu den Jüngern: Warum isst und trinkt denn der – euer Meister! – mit einem solchen Gesindel? Das sind doch alles Sünder, Säufer, Hurenböcke, Huren, was weiß ich! Dies hatte Salvatore mitgehört, und er sagte ihnen ins Gesicht: Damit ihrs wisst: Nicht die Gesunden brauchen den Arzt, sondern die Kranken! Oder? Geht heim, geht in euch und begreift endlich, was das heißt: Ich will Liebe und nicht leeren Kult. Glaubt doch nicht, dass ich derentwegen hier bin, die alles recht machen. Aber wegen der Sünder: diesen hier zulieb bin ich gekommen.*«

Und so hat Caravaggio sie gemalt. Er hat die Runde, auf die Jesus-Salvatore stieß, in die Straßen Roms verlagert, und als Vorbild hat er wohl Leute genommen, die mit ihm verkehrten. Und nun hängen sie da an einer Kirchenwand. Was das für welche waren? Gewiss sind auch Sünder darunter. Aber was für welche? Da müsste ich Caravaggio fragen.

c) In Mt 10, 1–4, der so genannten Wahl der Zwölf, erscheint dann Matthäus noch einmal als einer der zwölf Apostel: »Dann rief er seine zwölf Jünger zu sich und gab ihnen die Vollmacht, die unreinen Geister auszutreiben und alle Krankheiten und Leiden zu heilen. Die Namen der zwölf Apostel sind: an erster Stelle Simon, genannt Petrus, und sein Bruder Andreas, dann Jakobus, der Sohn des Zebedäus, und sein Bruder Johannes, Philippus und Bartholomäus, Thomas und Matthäus, der Zöllner, Jakobus, der Sohn des Alphäus, und Thaddäus, Simon Kananäus und Judas Iskariot, der ihn später verraten hat.« Petrus ist mitgekommen, den hat er schon auf seiner Seite, sich schon geschnappt, sozusagen. Auch er steht da mit seiner Hand. Eine Verlängerung gleichsam, die zweite Hand ist das, wie ein irdisches Abbild der himmlischen Hand. Eine verkleinerte, eine Schatten nachbildende, die Geste nachzeichnende Hand, eben eine Stellvertreter-Christi-Hand: aber schon ein klein wenig erhoben und belehrend. Das ist Petrus. Das ist die Kirche, der Zeigefinger der Kirche, der hier in Petrus gemalt ist. Nicht ganz so groß, nicht ganz so erleuchtet, nicht ganz so weit vorne, aber dafür irdischer, fester, in Reich- und Greifweite: *Hört bitte zu, was er zu sagen hat!* Das war vor allem an die so genannten Gläubigen gerichtet, die dieses Bild zu sehen bekamen. Dieser Mann ist, daran lassen die biblischen Referenzstellen des Bildes keinen Zweifel, Petrus. Dass es sich bei dem Bärtigen, der vor Salvatore steht, um Petrus handelt, den Ersten, auf den er gezeigt und den er mit Namen angesprochen hat – vgl. Mt 4, 18 und 10, 2 –, das kann nur einem nach stilkritischen oder werkimmanenten Kriterien, unter Absehung der von Caravaggio ins Bild gesetzten Bibelstelle, vorgehenden Betrachter einen Zweifel wert sein.

Die beiden, Salvatore und sein späterer Stellvertreter, stehen – und dann sitzen noch ein paar Kerle um den Tisch herum. Leute aus dem Leben von einst, als Salvatore auf sie stieß. Wahrscheinlich, dass Caravaggio teils ihre Geschichte kannte, sie sogar mit ihnen teilte, wusste, wie sie hießen und wer sie waren, er hatte ihre Stimme im Ohr, und was sie auf dem so genannten Kerbholz hatten, wusste er auch. Die Hauptperson am Tisch ist aber der Zöllner, der später Matthäus genannt wurde: auch er einer von ihnen. Ein konzentriertes Wegschauen ist das, als hätte er Wichtigeres zu tun. Dabei duckt er sich nur und will eigentlich *Nein!* sagen, als wäre er gerade gefragt worden: *Nehmen Sie die Wahl an?* – Und bei diesem Satz hat sich ja auf dieser Welt bisher kaum einer geziert. *Ich nehme die Wahl an, Herr Präsident!* – So lautet die richtige Antwort auf diese Frage. Aber hier geht es ja nicht nur um eine Legislaturperiode oder um Deutschland. Wenn schon, dann ist hier mindestens ein Augenblick der Weltgeschichte festgehalten. Der Heiligenschein, der Nimbus des Erlösers, ist kaum zu erkennen. Salvatore, von dem wir nur das Gesicht und die Hand sehen, kommt auch als Mann der Straße daher, als schöner Mann, wie sie manchmal vorbeigehen. Die anderen zwei, die so neugierig zu ihm und seinem Jünger hinschauen … mit einem Blick, als wären sie auf Kundschaft aus, immer ein Geschäft erwägend.

Das Bild löste gewiss bei einigen in Rom Unmut aus, so wie Jesus Unmut auslöste, als er ausgerechnet Leute wie Matthäus berief und um sich scharte und mit ihnen in Galiläa herumzog und es unsicher machte (das heißt: *sie* unsicher machte, die eingefahrene Welt, siehe oben).

Den Realismus, ja den fast schon exhibitionistischen Naturalismus in der Wiedergabe der Szene konnte Caravaggio durchaus mit der Bibelstelle rechtfertigen, und auch mit den Ansprüchen der neuen Einfachheit nach dem Konzil von Trient (siehe unten) konnte er sich herausreden. Das kam ihm entgegen. Trotzdem … Schon im damaligen Betrachter konnte der Verdacht aufkommen, dass der Maler zu weit gegangen ist, derart die Ebenen miteinander zu verbinden oder durcheinanderzubringen, römische Stricher als Modelle für Heilige. Also musste Caravaggio auch noch das theologische, speziell das römische Interesse an dieser Matthäus-Berufung in die Szene einbauen: die Figur des Petrus übernimmt diese Aufgabe.

In der Mitte der Kapelle, zwischen der ›Berufung‹ und dem ›Martyrium‹, hängt heute wie ein Nebenbild der später (1602) als letzte Szene dieses auf drei Wände verteilten Triptychons dazugemalte heilige Matthäus, wie ihm ein Engel die Hand führt beim Schreiben seines Evangeliums. Das Bild an der rechten Seitenwand hingegen, ›Das Martyrium des heiligen Matthäus‹, ist wiederum ganz aus dem Leben, von hier, zeigt eine Szene aus den Folterkellern dieser Erde, eine Gefangenschaftsszene, und zugleich wie die irdische Geschichte des Apostels endet. Das war's. Caravaggio wird solche Bilder gesehen haben.

4. *Allein du mit den Worten, und das ist wirklich allein*
Ein nach dem Konzil von Trient wider die protestantische Wort-Einsamkeit gemaltes Bild

Die Einfachheit der Szene, was die Menschen betrifft, sowie auch die Einfachheit, die in dem Sich-Beschränken auf einen biblischen Stoff liegt, sowie überhaupt die Rückkehr zum Wort Gottes, zum Evangelium, darf man gewiss auch als eine Reaktion auf und als Umsetzung der katholischen Reformation (genannt Gegenreformation) lesen, wie sie auf grundlegende Weise im Konzil von Trient versucht wurde. Dieses Bild, von Anfang an berühmt, ist – als religiöses Sujet – auch ein gegenreformatorisches Bild, dem Ernst der biblischen Botschaft gewidmet, für eine eher unwichtige Kirche gemalt, immerhin in Rom, aber für eine Kirche und nicht für einen Papstpalast oder eine päpstliche Basilika. Von 1545 bis 1563 fand, auf mehrere Sitzungsperioden verteilt, das Konzil von Trient (in Trient, weil es auf damaligem Reichsgebiet lag, aber schon auf halbem Weg nach Rom, vom reformatorischen Teutschland aus gedacht) statt, auf welchem die katholische Kirche sich besann und definierte, also ihre Form fand, die bis zum Zweiten Vatikanischen Konzil galt. Eigentlich waren es die Protestanten, welche der katholischen Kirche die Möglichkeit gaben, darüber nachzudenken, was katholisch ist, die eigene Position sozusagen neu zu bestimmen und sich selbst zu reformieren. So wurde die Tradition der lebenden Kirche, welche die Schrift immer wieder neu versteht und vom Kirchenamt zusammengehalten wird, gegen die reine Sola-Scriptura-Lehre Luthers (die Heilige Schrift als einzige Grundlage des Glaubens) und dessen geschichtslose Individualität herausgestellt. Der einzelne Mensch einem allmächtigen, ewigen Gott gegenüber? Das konnte nicht sein. Das war eine ungleiche und ungeheure Zweierbeziehung. Ein schwankender, im Glaubensleben unsicherer Katholik mag dankbar dafür sein, dass er als Instanz zwischen dem Allmächtigen und seiner kleinen Vergänglichkeit die Vermittlungsagentur der Kirche und ihre lebende, von Anfang an niemals unterbrochene Tradition hat, die älter ist als die Schrift: die Evangelien wurden lange nach dem Tod Jesu aufgeschrieben und sind ein Notbehelf – und dazu gibt es in der katholischen wie auch der orthodoxen Welt noch die Heiligen und ihre Bilder sowie die Devotionalien. Während der einzelne Protestant nur die Bibel hat, an der man irre werden kann (vgl. Mt 11, 6), er verwiesen ist auf die Heilige Schrift und sonst nichts. *Allein du mit den Worten, und das wirklich allein* (Gottfried Benn, ein Pfarrerssohn). Andererseits muss ein auf sich gestellter Protestant nicht auch noch die Sünden der Kirche und ihrer Geschichte tragen, darunter die von Päpsten, die Mörder waren (vgl. Sixtus IV., 1471–84).

Verglichen mit dem Quattro- und der ersten Hälfte des Cinquecento wurde der Kirche auf dem Konzil von Trient eine neue Einfachheit beschieden. Und auch die Musik, wesentlicher Teil der Liturgie, wurde vereinfacht, fand eine entsprechend neue Form. Palestrina ist ihr atemraubend schöner Kronbeleg: wie zum Beispiel das Credo der *Missa Papae Marcelli* durchkomponiert ist, wie geradlinig! Es gibt keinerlei Abweichungen vom Text, das Ganze ist eine Kongruenz von Wort und Musik, ein einziges Credo. Zwar ist die Musik Ancilla Verbi, Magd des Wortes … (Doch heute ist es umgekehrt, zumal in der U-Musik: auf Wort und Sprache kommt es nicht mehr an, zumindest auf das Verstehen nicht, zumindest außerhalb des angloamerikanischen Sprachraums nicht.)

In diesem Zusammenhang einer neuen Einfachheit, angeordnet durch das Konzil von Trient, wurden auch Funktion und Bedeutung der bildlichen Darstellung im liturgischen Raum neu bedacht und auf speziell biblische Sujets konzentriert. So ist ›Die Berufung des heiligen Matthäus‹ auch als nachtridentinisches Bild zu sehen, ist es eigentlich nichts anderes als das für eine Seitenkapelle (einer kurz nach dem Konzil gebauten katholischen Kirche in Rom) gemalte Andachtsbild, eine Umsetzung des Bibelverses aus dem Matthäusevangelium. Eigentlich nichts anderes als eine bildliche Wiedergabe des Bibelverses *Folge mir nach!* So, wie sich das der große Caravaggio vorgestellt hat. Dass er dann noch auf seine Weise die geforderte Einfachheit mit einer gewissen frivolen Note versieht, das macht aus dem Bild einen echten Caravaggio.

Grazie, Maestro.

5. Malen, sich ausmalen

Pasolini sagte in einem Interview, in dem er sich dafür rechtfertigen zu müssen glaubte, dass er, als Kommunist in einer säkularen Welt lebend, das Matthäusevangelium verfilmt hat: »In Italien liest niemand die Bibel.« – Niemand liest, außer einer kleinen, verrückten Minderheit, hätte er genauso sagen können. Niemand liest. Selbst die Zeitungen haben viel geringere Auflagen als anderswo. Es wird aber viel geredet. Und das Wort Gottes ist von den Malern aufgegriffen und umgesetzt worden in Italien, als käme der Glaube vom Sehen. Das Wort Gottes ist gerade in Italien so oft wie nirgendwo auf der Welt gemalt und auf die Leinwand oder eine sonstige Wand projiziert worden. Selbst auf Papier. Selbst gezeichnet. Jeder einzelne Vers. Ein solcher gemalter Vers ist auch dieses Bild. Die große europäische Malerei, die über Jahrhunderte vor allem ein auf der italienischen Halbinsel zu lokalisierendes Ereignis ist, entstand aus dem Malen und dem Sich-Ausmalen der Heiligen Schrift. Erst waren es Fresken an der Wand, eine Biblia Pauperum, Bilder für solche, die die Heilige Schrift nicht lesen konnten, ob sie nun Analphabeten oder sonstige gewöhnliche Arme waren, die sich eine handgeschriebene Bibel nicht leisten konnten. Aber sehen konnten sie. Später waren es Glas- und Tafelbilder; und für die Größten jener frühen Zeit, für die analphabetischen Potentaten von einst, zum Beispiel Karl, den man immer noch den Großen nennt (obwohl er doch – wie Konstantin – ein heilig gesprochener Verbrecher ist, nach allem, was ich von ihm weiß), gab es schon die illuminierten Bücher und darin das eine oder andere kostbare Bild auf Goldgrund, byzantinisch, karolingisch und so fort.

Im Anfang war das Wort. Bald gab es aber auch Maler, die es gemalt haben. Ancillae Theologiae (Mägde der Theologie) waren sie zunächst, im Dienste eines theologischen Programms, also eine Art Missionsangestellte, wie die ersten Auftraggeber dachten, und später, im geistigen Saeculum obscurum (als welches das Jahrhundert der Renaissancepäpste erscheint), waren sie, die Maler, für die Bilderlust der Machtmenschen abgestellt. (Es kam aber dabei auch große Kunst heraus.)

Das blieb so lange so, bis sich die biblische Malerei aus der Kunstgeschichte verlor und Jahrhunderte später erst wieder einzelne Malerexistenzen der Moderne, mit und ohne Auftrag, sich auf die Anfänge, das ursprüngliche Heilige besannen, so Mark Rothko oder Henri Matisse oder Joseph Beuys. Andere bauten aus purer Frömmigkeit Kirchen, so Luis Barragán, der ein kontemplatives Frauenkloster im Süden von Mexiko-Stadt aus der Privatschatulle bezahlte, seiner Seele zuliebe. Aber alles nun in privater Mission, ohne öffentlichen Auftrag. Heute, in postmoderner Zeit, ist alles möglich, alles gleichzeitig, nebeneinander, gleich nah und weit, *anything goes*. Auch Heiligenbilder sind wieder möglich.

›Die Berufung des Matthäus‹ ist zuerst ein Bibelvers und dann, 1600 Jahre später, ein Bild, ein Auftragswerk aus dem Umfeld der katholischen Kirche, unter deren Mantel ja vieles Platz hat, mitten in Rom. Caravaggio wird sein Geld für das Bild schon bekommen haben, es bald vielleicht verspielt, versoffen und sonst wie mit mehr oder weniger schönen Männern durchgebracht haben, solchen, wie sie hier auf dem Bild herumsitzen, die lange tot sind.

Zum Glück gibt es das Bild noch, während alles andere darum herum vergessen ist.

6. Zum Abschlecken schön

(Es gibt viele Möglichkeiten, ein Bild zu betrachten. Ich mache es auf meine Weise, Entschuldigung.)

Man, also auch ich, kann das Bild, das so gut und schön (um das vom Kunst- und Kunstkritikbetrieb verworfene Wort auch einmal zu verwenden) ist, dass ich es abschlecken möchte, und an einer Kirchenwand hängt, in einer Kirche, in der täglich das Mysterium Christi gefeiert wird, auch ganz anders sehen. Bild-immanent. Raum und Zeit vergessend. Im Rahmen der reinen Kunstbetrachtung also.

Es schadet aber auch nichts, wenn ich zum Beispiel das Bild als Theologe sehe und weiß: das ist Matthäus, der später, nachdem er von diesem Tisch aufgestanden ist, aufgrund dieser Berufung, von einem Engel diktiert, Sätze wie *Du bist Petrus der Fels, und auf diesen Felsen will ich meine Kirche bauen, und die Hölle wird ihr nichts anhaben können …* (Mt 16, 18) geschrieben hat, und andere Sätze, das erste Evangelium, genannt auch das Evangelium der Kirche. Und vielleicht auch deshalb noch sicherer bin, dass dieser neben Jesus stehende Mann Petrus ist, und kein anderer, und dieses Bild auch in einem direkten Zusammenhang mit dem von der Kirche behaupteten Petrusamt, dem Primat, steht. Und Matthäus, der hier nicht umsonst gezeigt wird, hat das Matthäusevangelium, das erste Evangelium, das Evangelium der Kirche geschrieben. Es ist hier auch ein Schriftsteller abgebildet, in dessen, freilich vom Engel diktierten Buch die wichtigsten Sätze stehen, die Beweise sozusagen für das Papstamt, die ausschlaggebend waren, um von diesem Buch weg, das Matthäus später schrieb, geradewegs in die Kuppel von San Pietro in Vaticano über das Grab des Petrus katapultiert zu werden, in zwei Meter hohen Buchstaben: *Du bist Petrus, und auf diesen Felsen werde ich meine Kirche bauen.*

7. Von Anfang an eine Kain- und Abelwelt hineingeboren

Über das *Du bist Petrus!* und das *Folge mir!* hinaus ist dem ganzen Abschnitt von Mt 9, 9–13 ein Denkmal gesetzt, den Sündern, die zusammensitzen und essen, aus deren Mitte Jesus einen der ihren berufen hat. *Wie konnte er nur!* – ›Die Berufung‹ ist das Andachtsbild von einem, der sein Leben lang ein Sünder war, das Bild eines zukünftigen Mörders, das mit denselben Händen gemalt wurde, mit denen er, Caravaggio, wenige Jahre später einen Menschen umbrachte. Das Töten geschah damals in Rom nicht per Knopfdruck oder per Fernzündung, es war nicht einmal die Distanz eines Schusses aus nächster Nähe dazwischen. Es war gar nichts dazwischen. Es waren nur die Hände, seine. Oder war es ein Unfall, und seine Hände waren nur unglückliche Totschlaginstrumente? Aber die Bilder werden nicht deutlicher und auch nicht schöner, wenn ich weiß, wie es gewesen ist, sowenig wie ›Der Nachsommer‹ ein anderes Buch wird, wenn ich weiß, dass sich der Biedermann Stifter mit einem Messer den Hals aufgeschnitten hat. Wir sind von Anfang an in die Kain- und Abelwelt hineingeboren. Dieser Matthäus wurde nach der Begegnung mit Jesus ein anderer, schrieb das Evangelium der Kirche, nachdem er von diesem Tisch auf dem Bild des Caravaggio aufgestanden war; der Maler jedoch, nachdem er den Matthäus gemalt hatte, blieb der Alte (der alte Adam). Ja, es wurde alles noch viel schlimmer in seinem Leben. Der Mord, von dem wir wissen, stand ja noch bevor.

Aber gerade deswegen konnte er sich besonders berufen fühlen. Und die Beichte gab es schließlich auch, die Macht, von der Sünde zu lösen, wurde ja Petrus übertragen, wie wir, ebenfalls aus dem Matthäusevangelium, wissen. Ein Kronbeleg für Jesu Umgang mit den so genannten Sündern ist die von Caravaggio gemalte Bibelstelle.

Selbst noch dem Mörder galt die besondere Liebe Jesu (siehe die Worte am Kreuz): für die Umkehr ist es nie zu spät. Einer von ihnen, der alles bereute, würde der Erste im Paradies sein: noch heute (siehe Lk 23, 43). Jesus kannte, anders als die modernen Strafgesetzbücher, noch keine Kriminellen. Für Jesus gab es nur Menschen, die immer wieder zu Sündern wurden. Aber Menschen blieben. Das wusste Caravaggio. So eine Runde hat er gemalt. Das Bild ist auch eines mit Humor: er hat ganz verschiedene Ebenen, die eigentlich nicht zusammengehören, auf ein Bild gebracht. Denen habe ich es aber gezeigt! Die päpstliche mit der Unterwelt zusammengebracht hat er, so wie es im tatsächlichen römischen Leben zu seiner Zeit ja auch vorkam … Der Skandal war nicht, dass es so war, sondern dass Caravaggio es so gemalt hat. Ihm, Jesus, war gegeben, was unseren modernen Richtern verwehrt ist: zu vergeben und zu verzeihen und zu sagen: sündige in Zukunft nicht mehr. Das galt auch für einen wie Caravaggio, einen Mörder, und der wusste es.

Folge mir nach! war, so gesehen, eine wohl auch Caravaggio zu Herzen gehende Mitteilung. Anders kann es nicht sein: sonst hätte er nicht dieses Bild gemalt, sondern ein anderes, sonst hätte er dieses nicht so gemalt, sondern anders, nicht so alles vergegenwärtigend. Nicht derart nach unten gebeugt, nicht derart zögernd. Und dann: derart *Ja!* sagend. Ich kann in Matthäus durchaus ein weiteres Selbstbildnis Caravaggios sehen, ein inneres, ein Psychogramm. Da wurde einer berufen, der so war wie er.

8. Das römische Programm

Über die Darstellung von Menschen wie du und ich hinaus, hat die ›Bekehrung‹ aber auch diesen römisch-theologischen Aspekt: das Bild stellt die Bibel in den Mittelpunkt, ja einen Bibelvers in den Mittelpunkt, und zeigt uns zugleich, wie wir diese Stelle zu lesen haben. Es ist ein Beitrag zur katholischen Reformationsgeschichte.

Petrus und Jesus, die Einheit der Kirche und die apostolische Sukzession: das ist alles auf einem Bild zu sehen. Sie kommen gleich zu zweit und sind schon fast eins … Sie stehen als Einzige … Sind vorbeigekommen … So, wie es in der Bibel steht … So bringt Caravaggio auf diesem Bild das Kunstwerk zustande, einerseits das römische Dogma zu bedienen (als wollten Jesus und Petrus zusammen nach dem so genannten Rechten schauen), andererseits die auch Caravaggio zu Herzen gehende Botschaft des Bibelverses *Folge mir nach!* ins Bild zu setzen, und dies alles, indem er auch seine Lebenslust und -freude, das wirkliche Leben und seine Protagonisten in seine Darstellung mit einbezieht, ungewiss ob Stricher oder Heilige, die himmlische und die irdische Liebe in friedlicher Koexistenz auf einem Bild vereint und beidem ein Denkmal setzt. Das Bild verbindet Ekklesiologisches, die Kirchenstiftung, mit Leuten von der Straße; ein theologisches Programm wird mit dem römischen Leben verwoben, der Primatsanspruch mit dem Zöllnertisch, den Sündern von 1600. Petrus steht da als einer von ihnen, und er hat Besuch mitgebracht.

Das Bild setzt also ein theologisches Programm, das vor allem im Matthäusevangelium grundiert ist, um, getreu dem Bibelvers, seinen Ausdeutungen und dem Überbau, von *Du bist Petrus, und auf diesen Fels will ich meine Kirche bauen* bis hin zur Kuppel, die sich über dem Grab dieses Petrus erhebt – was für ein Überbau für den Stellvertreter Gottes auf Erden. Drei Hauptpersonen dieses römischen Programms sind auf dem Bild zu sehen: Jesus, gewiss, der zur Nachfolge aufruft, Matthäus, der folgt und später das Evangelium schreibt (so weiß es die Tradition, ungeachtet der siebengescheiten Einwürfe der historisch-kritischen Exegese), in dem Petrus als erstberufener Jünger zum Fels erklärt wird, auf den die Kirche gebaut werden soll. *Et portas inferi non superabunt!* Und Petrus. Petrus ist also gleich mehrfach anwesend: im Zitat, in Matthäus und dann so, wie er dasteht: so nah bei Jesus, als wäre er eins mit ihm. Wenn das ein Zufall ist! Dieses Bild ist ein Kirchenbild im doppelten Sinn. Das ist Petrus, und wenn wir es nicht wissen sollten, die Leute, die es sahen, wussten es.

Und auch Bart wie Kopf erinnern an die spätantike Figur zu St. Peter, die den so genannten Apostelfürsten darstellt. Kurz: ›Die Berufung des heiligen Matthäus‹ ist auch ein den römischen Primat konsolidierendes Kirchenbild.

9. Meine Augen, die auch ihre Geschichte haben

Doch wenn ich das Bild allein mit meinen Augen, die auch ihre Geschichte haben, sehe: was ist das für ein Licht, was sind das für schöne Farben und Formen, von der Gestalt dieses Mannes bei der Tür angefangen, der mit seiner Hand, als

wäre sie Licht oder, ganz prosaisch gesagt, ein Lichtinstrument, eine Taschen-
lampe, bis hin in den hintersten Winkel weist und alles ausleuchtet, bis hin zum
schläfrigen oder zögerlichen Mann, der eigentlich nichts anderes will, als dass
alles bleibt, wie es ist. Dass das Leben weitergeht. Er will das Leben genießen,
wie es ist. Das leuchtet mir ein. Alle seine Bilder lassen sich als Spiegelungen seines Lebens lesen: die Summe ergibt ein Psychogramm dieses Künstlers. Caravaggio war damit in Rom phänomenal erfolgreich, er schrieb sich in die Augen
von Menschen ein, die vielleicht ähnliche Bilder im Kopf hatten, sie aber nicht
so malen konnten. Die auffallende Präsenz von Gewalt sollte nicht nachträglich
und von einem Menschen des 20. Jahrhunderts als Leiden an der Gewalt interpretiert werden. Eher darf man darin Faktizität und Realismusbezug erkennen:
so ist die Welt und der Mensch eben – und für Caravaggio handelte es sich darüber hinaus auch um eine durch die lange Tradition der Märtyrerverehrung in
der Kirche gegebene Möglichkeit, einer eigenen Neigung zu ihrem bildlichen
Ausdruck zu verhelfen. Seiner eigenen Liebe zu frönen. Wenn man dazu all die
Bacchus- und die Johannes-der-Täufer-Bilder betrachtet: all die Fressen aus
dem römischen Milieu, die männlichen Stadtnutten um 1600 in der Papststadt
– das ist auch Pasolini, zeitversetzt. Auch von Pasolini und seinem Programm
waren die Römer fasziniert. Ich selbst (der Verfasser dieser Vergegenwärtigungen) habe damals als Theologiestudent in Rom erlebt, wie das Leben und vor
allem der Tod Pasolinis ein Jahr lang die Zeitungen füllte, und nicht nur sie. Das
war von caravaggioartigem Ausmaß. Wie der Kopf Johannes des Täufers auf
dem Teller liegt, auch eine Stelle im Matthäusevangelium, und dann wieder im
Pasolinifilm ›Das erste Evangelium – Matthäus‹, so lag der tote Pasolini im
Dreck bei Ostia, so zugerichtet in der Nacht von Allerheiligen auf Allerseelen
1975.
Ach, was sind das für versaute Heilige: ich möchte nicht wissen, was diese Menschen sonst noch gemacht haben, bevor und nachdem sie Caravaggio Modell
standen. Das biblische Vorbild, der Täufer, war bestimmt nicht so. Es kommt
zwar immer auf den Betrachter an, aber der Johannes in der Galleria Borghese
in Rom zum Beispiel oder der Johannes in der Galleria Corsini, jener im Nel-
son-Atkins-Museum in Kansas und andere Johannesdarstellungen mehr lassen
dem Betrachter wenig Spielraum für fromme Bezüge, und Andacht kommt
schon gar nicht auf. Als wären einige dieser Bilder aus der Zeit vor der Fotogra-
fie gemalt für den hoch gestellten Lüsternen, der sich so einen Johannes leisten
konnte. Pin-ups für Kardinäle des 16. und 17. Jahrhunderts in Rom, sehr seltsa-
me Heiligenbilder, heidnische, mehr der irdischen Liebe von Venus und Amor
verpflichtet als der himmlischen. Wer soll über so einen Johannes zum Glauben
finden?

Darum kann es offenbar nicht gehen. Worum dann? Er hat wohl dem menschlichen Verlangen in diesen Johannesbildern ein Denkmal gesetzt, auch seinem eigenen. Die Heiligenbilder Caravaggios fördern auch meinen Glauben nicht unbedingt. Immer wenn ich nach Rom komme und speziell ein Bild dieses Malers sehe, stellt sich ein metaphysischer Zweifel ein, als wäre die Frage nach dem höheren Sinn eine rhetorische Frage. Es ist ein Wunder, dass diese Bilder noch immer in den Kirchen dieser Welt hängen.

Aber die Bilder sprechen auch für das Erbarmen nicht nur Jesu Christi mit den armen und einfachen Menschen, den Sündern, sondern auch für das Erbarmen Caravaggios: wie er ihnen, den Seinen, ein Denkmal setzte. Wenn man ihn mit anderen vergleicht, was die gemalt haben … (Weil der Mensch ein Mensch ist: weil der Mensch dem Menschen ein Wolf ist.) Selbst die ›Rosenkranzmadonna‹ und die anderen Figuren auf dem Bild sagen mehr über die tatsächlichen Nöte und Ängste der Menschen aus als über die Wahrheit des kirchlichen Anspruchs, mehr über die Faktizität der Sehnsucht nach etwas Höherem und einer himmlischen Erklärung für die irdische Not als über die Wahrheit des Glaubens an eine höhere, metaphysische Begründung. So wie darüber hinaus auch die gewaltigsten Dinge, die die Religion geschaffen hat, zum Beispiel die Kuppel über dem Grab des heiligen Petrus, mehr die Sehnsucht des Menschen nach einer Begründung für ihre vage Existenz belegen als die Wahrheit und mehr fromme Behauptung sind als irgendein Beweis. Auch die ›Berufung‹ ist noch ein solches Bild, wo Anspruch und Realität keine Einheit sind, sondern nebeneinander existieren, koexistieren. Und nun ist alles vergessen, außer dem Bild und dem Maler, alles, was vorher und nachher war, das Glück und das Unglück, und es gibt von ihnen nur noch diesen Augenblick. Noch einmal Grazie, Maestro.

10. Kommt her, ihr Schw.

Auch Dostojewski hat diese Stelle im Text gekannt und geliebt und ihr in ›Verbrechen und Strafe‹ ein Denkmal gesetzt – zusammen mit der Sünderin aus dem Johannesevangelium (Joh 8) und anderen, verwandten Stellen im Evangelium, die besagen, dass gerade der Mensch, der nach weltlichen Maßstäben als verloren gilt, nicht verloren ist. Caravaggio hat mit seinem Malwerkzeug, Dostojewski mit seinen Worten dieser frohen Botschaft ein Denkmal gesetzt und ist dadurch dem Evangelisten besonders verwandt. Jede Generation müsste ja ihr Evangelium fortschreiben (Pasolini hat es gemacht). Sünder waren es, derentwegen der Mann, der rechts oben in Caravaggios Bild zu sehen ist, gekommen war. Solche Figuren muss man sich vorstellen, die in oder vor der Zöllnerbaracke zusammensaßen, damals, als Jesus ankam und *Folgt mir nach!* sagte. Und solche saßen auch im Petersburger Kellerloch und hörten, wie Marmeladow seine Berufenheitsrede hielt: Und er wird sagen: *Kommt her, Schweine seid ihr … Komm, auch du …* Und das ist auch der Personenkreis, der damals in Galiläa versammelt war, und dann wieder in Rom, hier, auf diesem Bild, Gesichter, die über die Augen des Malers zu uns kamen, dieses Malers, der zuerst ein Genie des Sehens gewesen sein muss, wie jeder große Maler bis zum heutigen grauen Tag. Das sind Menschen, wie es sie immer noch gibt, welche über die Augen und Hände des Malers an diese Wand kamen, von der wir mit unseren Augen die Botschaft nun ablesen und entziffern können. Damit wir sehen und verstehen und folgen.

Auch die Schriftsteller haben sich wie Dostojewski an das Weiterschreiben des Buches gemacht. Das war jedoch nicht so einfach und kam überdies seltener vor. Das war Wortkonkurrenz. Stand unter dem Verdacht der Häresie. Das Buch der Bücher gab es doch schon, wozu also noch andere Bücher? Die so genannten Künstler hatten es dagegen einfach, nachdem einmal der Ikonoklasmus überwunden war. Sie waren zugleich Teil des Unterhaltungs- und Unterweisungsprogramms, mussten nach der Vorgabe *miscere utile dulci* (das Schöne mit dem Nützlichen verbinden) arbeiten und leben. Sie – und nicht die Schriftsteller, die mit ihren Gedanken als Konkurrenz gelten mussten, eigenständig den Text der Bibel fortschrieben und bald schon der Zensur unterlagen – waren die privilegierten Lieblinge kunstsinniger Päpste und Kirchenfunktionäre, die sich Kirchen und Paläste ausmalen ließen, hoch bezahlte Auftragswerk-Existenzen wie heute die höchsten Fußballer und Rennfahrer. Und doch zu unserem Glück, möchte ich sagen. Während man von einem Fußballspieler von heute in hundert Jahren höchstwahrscheinlich gar nichts mehr wissen wird, vielleicht nicht einmal mehr den Namen. Oder täusche ich mich? *Kommen Sie in hundert Jahren wieder vorbei, dann sehen wir weiter!*, lasse ich einen in meinem Roman ›Ein hinreißender Schrotthändler‹ sagen.

11. Wäre Matthäus Zöllner geblieben und Caravaggio nur Mörder gewesen, wüssten wir heute nichts mehr von den beiden

Wenn Caravaggio nur ein Mörder gewesen wäre, wüssten wir heute nichts mehr von ihm. Aber so! Zöllner waren Sünder, und ein Mörder ist es immer noch, nach Auffassung der katholischen Kirche. Ein Mörder ist sogar einer der höchsten Sünder. Es kann keinen besseren Kandidaten geben als den bußfertigen Mörder, der bereut. Je schwerer das Vergehen, desto größer ist auch die Macht der Kirche, die so etwas vergeben kann. Der Sünder ist das Kapital der Kirche. Und Petrus hat den Schlüssel. ›Die Berufung des heiligen Matthäus‹ malte Caravaggio 1599/1600, im Mai 1606 musste er wegen eines Duells mit tödlichem Ausgang aus Rom fliehen; das Thema war wie geschaffen für ihn: als hätte er schon im Voraus, antizipatorisch, sich ein Ablassbild gemalt. Matthäus, auch ein Sünder, fast so einer wie er. Ein Kollaborateur mit den Römern, wie die Zöllner es waren, ich darf noch einmal daran erinnern. Das Matthäusevangelium hat – das mochte schon Sündern vor Caravaggio sympathisch gewesen sein – einen Zöllner zum Verfasser, der also einer Berufsgruppe angehörte, die damals als Sünder galten, zudem als geldgierig und korrupt. Und so einen hat sich Jesus erwählt, und nicht zu irgendetwas: sein Kronzeuge sollte er sein: alles aufschreiben, auch die Umstände der eigenen Berufung. Das Bild des Caravaggio ist auch ein Stück Frohe Botschaft. Eine Berufung, wie sie im Buche steht: die Verlorenen sind nicht verloren. So hat Caravaggio hier unter anderem das Kunststück fertig gebracht, auf einem Bild die Sünder und Ganoven mit den Heiligen zu vereinen, das einfache Leben mit dem römischen Primatsanspruch. Seine Liebe gilt aber zweifellos diesem Jesus, der gekommen ist, um Leute wie Matthäus und die Seinen, zu denen sich Caravaggio selbst rechnen durfte, zu sich zu bitten. Sie waren seine Erwählten. *Denn ich bin gekommen, die Sünder zu rufen, nicht die Gerechten* (Mt 9, 13). ›Jesus in schlechter Gesellschaft‹ hieß auch ein Buch der 68er-Zeit von Adolf Holl.

Da sitzt also der eine an seinem Geldtisch, und der andere kommt dazu, zeigt mit der Hand auf ihn und sagt: *Folge mir nach! Du bist gemeint! Es geht um dich!* – Der einzelne Mensch wird angesprochen, seiner erbarmt sich dieser Jesus, der da höchstpersönlich von außen hereinkommt und diesem Matthäus Licht bringt; und damit zugleich allen, wie sie leben und sind. Es geht nicht um den Menschen, wie er sein könnte, sondern um den Menschen, wie er nun einmal ist. Nicht als abstrakte Größe wie in den jeweiligen Gesellschafts-Theorien zu den jeweiligen gesellschaftlichen Verhältnissen in einer jeweiligen Zeit, sondern es geht um den Einzelnen, um jeden. Nicht die Gesellschaft ist zuerst im Blick dieses Jesus, der da urplötzlich erscheint, sondern der Mensch, der Zöllner und Sünder inmitten dieser Gesellschaft von Zöllnern und Sündern. An ihn, ganz konkret, ergeht das Wort, das sich ein im Sehen geübter Mensch dazudenken muss, denn es ist eine unheimliche Stille um das Sichtbare, um alle Bilder dieser Welt, die an den Wänden dieser Welt hängen. Das Bild will zeigen, wie dieser Mensch zu einem anderen *Folge mir nach!* sagt. Und auf ihn, auf keinen sonst, weist diese Hand. Dieser Kerl da ist aber einer wie du und ich. Er sitzt da für uns alle. Und da sitzt er nun, für immer. Gerade in dem Augenblick, als er sich wegen des Eindringlings und seiner Aufforderung *Folge mir nach!* duckt und abtauchen und sich unsichtbar machen will. Gerade in dem Augenblick, als er schon dabei ist, aufzusehen und *Ja* zu sagen, das heißt: Nein zu seinem bisherigen Leben, gerade, als er dabei ist, aufzustehen und diesem Menschen, den er zum ersten Mal sieht, hinterherzugehen und ihm zu folgen.

P. S. Das Bild ist auch das Porträt eines Schriftstellers, und nicht irgendeines: Matthäus wurde schließlich wegen seines Buches umgebracht. Sein Stoff, das Evangelium, bringt die Botschaft, dass der Mensch nicht verloren, dass er gerettet ist, wenn er Jesus Salvatore folgt. Diesen Schriftsteller hat Caravaggio gemalt im Augenblick seiner Berufung (zum Schriftsteller). Seine Literatur war so brisant, dass er dafür sterben musste. Schließlich aber hat sich sein Buch doch durchgesetzt und hat die Welt verändert. Das kann man nicht von jedem Buch sagen. Kein Wunder, dass dieser Schriftsteller später immer wieder gemalt wurde. Ein Wunder aber vielleicht doch dieses Porträt von Caravaggio, gemalt an der Wende eines Jahrhunderts und am Beginn einer neuen Malerei.

Gerhard Falkner »Amor vincit omnia« (Die Liebe besiegt alles)

»Name!«

»Michelangelo Merisi.«

»Geboren!«

»Wann oder ob?«

»Sagen wir wann.«

»1571.«

»Und wo?«

»In Caravaggio.«

»Sie sind Künstler?«

»Das wissen Sie!«

»Und Mörder.«

»Ich habe es lediglich vorgezogen, nicht der Ermordete zu sein.«

»Und Homosexueller.«

»Sie haben es aber eilig! Na ja, gewisse Vorlieben für das eigene Geschlecht kann ich nicht bestreiten. Solche sind bei Künstlern und Kirchenmännern ja nicht selten. Aber Sie wissen sehr wohl, dass ich das andere Geschlecht keineswegs verschmähe.«

»Ein Provokateur sind Sie außerdem.«

»Eine geläufige Sichtweise nicht zu teilen, provoziert immer.«

»Welche geläufige Sichtweise teilen Sie denn nicht?«

»Dass die Idealität einen höheren Stellenwert besitzt als die Realität.«

»Nun. Zur Idealität arbeitet man sich hoch, zur Realität sinkt man herab.«

»Kann man zur Wahrheit herabsinken? Eine Idealität, die sich nur aus sich selbst heraus erschafft und nie eine Ahnung hat, wo der Hund begraben liegt, wozu soll die gut sein? Sie benebelt den Körper und übersüßt den Geist. Schauen Sie sich die Maler der ›maniera‹ doch an mit ihrem Allegorienplunder, ihrem Obskurantismus und ihrer ganzen hohlen Attitüde. Noch 'ne Kopie von da Vinci hier und noch 'n Detail von Michelangelo da. Die hausen wie die Maden im Werk dieser Giganten. Und warum? Weil sie innerlich tot sind. Ihre Gehirne sind Grüfte. Sie kapieren nicht, dass eine Kunst, die nicht empfunden wird, auch nicht nachempfunden werden kann.«

»Sie bedienen sich doch auch bei Michelangelo.«

»Was meinen Sie?«

»Na, zum Beispiel für Ihren ›Johannes den Täufer‹ bei den ›Ignudi‹, besonders bei jenem nackten Jüngling, der auf dem Fresko in der Sixtinischen Kapelle neben der ›Sintflut‹ und oberhalb der ›Eritreischen Sibylle‹ lagert. Solche Knaben sind natürlich ganz nach Ihrem Geschmack.«

»Die waren, als er sie malte, auch ganz nach Michelangelos Geschmack.«

»Aber bei ihm sind sie nicht lasziv, haben nicht diesen schwül-begehrlichen Blick. Was seine Jünglinge überstrahlt, ist die Schönheit der göttlichen Schöpfung.

Dagegen ist alles, was Sie malen, irgendwie lüstern, schockierend, geil. Das geht ja bis hin zu den Weintrauben.«

»Mein Herr, Sie haben das vielleicht nicht bemerkt, aber die Zeit hat sich seit Michelangelo weiterbewegt, statt gerechterweise vor Ehrfurcht bei ihm zu erstarren. Der Renaissance wurde von den Manieristen das Mark ausgesaugt, die Kraft verwandelte sich in Kraftlosigkeit. Nun aber stehen wir an der Schwelle einer neuen Zeit. Rom kocht. Überall Raserei und Exzesse. Der Hunger nach Skandalen ist fast so groß wie der Hunger nach der Absolution.«

»Merisi! Wir sind eben gerade deshalb Jesuiten, weil wir bemerkt haben, dass die Zeit weitergangen ist und dass sie bereits dabei war, die Fundamente der katholischen Kirche zu untergraben. Der ›Sacco di Roma‹ hat nicht nur der Renaissance den Garaus gemacht, sondern auch die päpstliche Macht stark geschwächt.«

»Sie vergessen Luther.«

»Nein, was reden Sie denn, wir vergessen Luther durchaus nicht. Wir haben doch mit dem Konzil von Trient klar gemacht, dass wir das nicht vergessen. Wir vergessen auch Calvin nicht. Diese Männer sind nun mal ein Deutscher und ein Schweizer. Ihre Gedanken sind klar, aber die Kirche, die sie sich vorstellen, ist trocken, bieder, dürftig, farblos, nüchtern, kalt. Sie sind nicht berauscht von Gott, nicht beseligt von der Gnade. Sie sind ehrgeizige und fanatische Studenten nicht eines gütigen, gerechten oder strafenden Gottes, sondern eines allmächtigen Professors. Wir aber setzen auf die Macht der Eucharistie, die Macht der Musik und die Macht der Bilder, denn all dies macht die Herzen geschmeidig für Gott. Aber wir brauchen keine Bilder, auf denen die Gesichter und die Gesten eine ganz andere Geschichte erzählen als die biblische, die sie darzustellen vorgeben und die jedem religiösen Gleichnis immer nur die roheste Interpretation geben. Sie zeigen nur verderbte Gesichter, was ja kein Wunder ist, schließlich gabeln Sie Ihre Modelle ja auf der Straße auf und in der Gosse. Ihr ›Bacchus‹ ist lasterhaft, Ihr ›Amor‹ obszön, Ihr ›Lautenspieler‹ changiert zwischen den Geschlechtern. Sie verwandeln Bauerweiber in Madonnen und Plebejer in Apostel.«

»Ich male die Menschen so, wie sie aussehen. Die Mühseligen und die Beladenen. Die Menschen, deren Jesu sich angenommen hätte.«

»Sie malen die Menschen der Piazza Navona, wo Sie nachts mit Strichjungen und Stallburschen um die Häuser ziehen – den Abschaum, die Hefe des Volkes.

Sie malen enorme und vulgäre Menschen, denen die Wangen glühen vom Wein und von einer geschmacklosen Wollust.«

»Auch sie sind die Kinder Gottes. Was wäre die Kirche ohne die Armen und ohne die Wollüstigen, ein Haus ohne Beter und ohne Gebete!«

»Spielen Sie nicht den Apostel. Das steht Ihnen nicht. Sie verkehren im Kreis dieser Leute und in diesen Gegenden, um sich Ihren Ausschweifungen hinzugeben. Was sonst sollte Sie dorthin und zu solchen Leuten verschlagen.«

»Es wird dort – aber Sie werden das sicher nicht verstehen – mit Lust gelebt. Die Leute reden laut, lachen viel, leben kurz und schlafen schnell. Sie sind immer in Bewegung. Alles, was sie tun, egal was es ist, ist immer eins zu eins. Ihre einzigen Ausweise sind ihre Gesichter. Nicht ihre Garderoben. Ich finde dort Wahrheit, Schönheit sogar, wenn Sie so wollen, auch wenn es nicht die Ihre ist, und die existenzielle Hitze, die ich brauche, um meinen Blick zu behalten.«

»Sie suchen doch in allem, was Sie darstellen, immer nur den dramatischen Augenblick, die äußerste Zuspitzung. Für die finden Sie dort natürlich genügend Anregungen. Ihre Sujets sind krass. Ihre Kontraste sind krass. Nirgends die geistige Klarheit und geläuterte Ruhe der göttlichen Ordnung. Manchmal hat man den Eindruck, Sie erfassen nur den Augenblick und sind weiter nichts als sein genialer Beleuchter.«

»Natur und Wahrheit haben für mich Vorrang vor allen anderen künstlerischen Erwägungen.«

»Dann vernachlässigen Sie die Idee.«

»Na und, die Idee ist weiter nichts als eine Zeiterscheinung.«

»Nein, sie ist die Zeit selbst.«

»Ich habe in Bergamo Lorenzo Lotto studiert, in Venedig Tizian und Giorgione, in San Francesco Grande in Mailand die ›Felsgrottenmadonna‹ da Vincis und in Vicenza das Werk Mantegnas, von Michelangelos Arbeiten ganz zu schweigen.

Ich habe meine Sinne so aufgepeitscht und meiner Wahrnehmung so extreme Aufgaben gestellt, dass ich diese Männer in ihrer Größe und in ihrem Können nicht nur durchmessen, sondern ihren Weg fortsetzen konnte. Nach mir wird die Malerei nicht mehr so sein, wie sie war, weil ich die Betrachtung verändert haben werde. Was Sie Beleuchtung nennen, nenne ich Vision. Ich habe ein Licht aus der Tiefe des Schattens und der Kontraste geholt, das es so in der Malerei noch nie gegeben hat. Warum, denken Sie, kommt man aus aller Welt, um meine Bilder zu studieren? Woher, glauben Sie denn, kommt mein Ruhm?«

»Ihr Kollege Zuccari hat gesagt: ›Viel Lärm um nichts. Ich sehe da nichts anderes als die Kopie des Stils von Giorgione!‹«

»Zuccari ist ein Stümper, ein Schwätzer und ein Lügner.«

»Gerade das behauptet man von Ihnen. Die Mitschriften Ihrer Verhöre aus dem Kerker Tor di Nona strotzen von Impertinenz, Unwahrheit, Widerspruch und Lüge.«

»Wenn Sie ein Mann wären und nicht ein Mann der Kutte, würde ich Ihnen dafür die Zähne einschlagen.«

»Warum haben Sie in Ihrer ›Bekehrung des heiligen Paulus‹ das Pferd in den Mittelpunkt des Bildes gerückt und den heiligen Paulus am Boden platziert?«

»Darum!«

»Soll dieses Pferd etwa Gott sein?«

»Nein, aber es steht im Licht Gottes.«

»Aber im Buch Gottes steht das Pferd nicht im Mittelpunkt der Geschichte.«

»Wenn sich die Sichtweisen nicht ändern würden, und zwar einfach deshalb, weil sie sich ändern müssen, dann könnten wir in allen Kirchen Kopien von Masaccio oder Fra Angelico aufhängen und uns die Mühe sparen, die Malerei, wie jede andere Entwicklung auch, voranzutreiben.«

»Heißen Sie das die Malerei vorantreiben, wenn Sie eine Prostituierte, die man tot aus dem Tiber gefischt hat, als Modell für die Heilige Muttergottes verwenden? Das ist Gottlosigkeit, das ist Blasphemie. Die Schüssel mit Essigwasser vor dem Totenbett, in solchen Schüsseln waschen sich die Huren. Sie vergehen sich gegen das liturgische Symbol der Unbefleckten Empfängnis. Ihre Bilder lästern. Muss ich Sie daran erinnern, dass Giordano Bruno letztes Jahr den Scheiterhaufen besteigen musste, weil er die Heiligkeit des kirchlichen Dogmas bestritt?«

»Um eine Tote so zu malen, wie eine Tote aussieht, habe ich eine Tote als Modell genommen. Dass es eine Hure war, dafür konnte ich nichts. Eine tote Heilige war gerade nicht zur Hand.«

»Michelangelo Merisi, wir haben beschlossen, Ihnen das Handwerk legen.«

»Die Inquisition gerät mehr und mehr unter den Druck der öffentlichen Meinung?«

»Wir werden die Inquisition wohl gar nicht bemühen müssen. Ihre Straftaten dürften genügen.«

»Aha, meine Straftaten, also doch nicht die Überwachung der religiösen Kunst. Und woran denken Sie?«

»Es gibt eine Klage von Girolamo Spampa, den sie mit dem Degen angriffen, weil er ihre Arbeit in San Luigi dei Francesi kritisierte.«

»Das Verfahren wurde eingestellt.«

»Von Baglione gibt es eine Beleidungsklage.«

»Ich wurde freigesprochen. Das wissen Sie so gut wie ich. Ich musste mich lediglich entschuldigen.«

»Nun, wir kennen ja Ihre Anwälte. Aber zum Glück gibt es auf Grund Ihrer Haltlosigkeit und Ihres ungezügelten Charakters nicht gerade einen Mangel an Gesetzesübertretungen.«

»Verbrechen meinen Sie. Verbrechen. Warum sagen Sie nicht Verbrechen. Ich suche in meiner Malerei etwas, für das ich bereit sein muss, sehr weit zu gehen – ich suche die menschliche Natur, das Gefühl, das nicht verschleiert ist von einer matten Religiosität, die ehrliche Schönheit suche ich, der Laster und Schmutz nichts anzuhaben vermag. Ich will die Dinge ergründen, und dazu muss ich das Verhältnis von Betrachter und zu Betrachtendem neu setzen, dazu muss ich gültige Gesetze übertreten. Das sind meine Verbrechen. Ich male das Verbrechen des ergründenden Augenblicks. Und wie könnte ich die Opferung Isaaks malen, wenn ich nicht wüsste, wie man ein Messer führt? Was wollen sie mit meinen Verbrechen?«

»Einen Sbirren des päpstlichen Hofes, der Sie kontrollieren wollte, haben Sie durch einen Schlag auf den Schädel getötet.«

»Das war ein Unfall. Ein Stein vom Dach hatte sich gelöst.«

»Wie Sie wissen, hat das aber an dem gegen Sie erhobenen Vorwurf nichts geändert. Niemand glaubt eine solche Behauptung einem Mann, der ständig in Händel und Schlägereien verwickelt ist.«

»Sache des Gerichts ist es nicht, zu glauben, sondern zu beweisen.«

»Den Notarius Mariano Pasqualone haben Sie vor dem Palazzo des spanischen Botschafters wegen eines Streits halb totgeschlagen.«

»Er wollte verhindern, dass Lena mir für ›Die Madonna der Pilger‹ Modell steht.«

»Sie ist eine Dirne, und er war ihr Freier.«

»Na und? Ich kann weder für das eine noch für das andere was. Er war ein Narr und sie das Modell, das ich für mein Bild brauchte.«

»Das ist kein Grund, jemand fast umzubringen.«

»Er hat mich beleidigt und schließlich angegriffen.«

»Er hat Sie beleidigt?«

»Er sagte, ich solle gefälligst die Finger von Lena lassen und er wünsche auch nicht, dass sie einem Farbklecser und Arschficker wie mir Modell stehe. Ich habe ihm geantwortet, dass er eben leider impotenter sei als seine Mutter. Da ist er auf mich losgestürzt.«

»Nun, dann gibt es ja noch Ranuccio Tomassoni aus Ternides. Den haben Sie am 29. Mai dieses Jahres beim Seilball des Betrugs bezichtigt und ermordet.«

»Das ist nicht wahr.«

»Wir haben Zeugen.«

»Die habe ich auch.«

»Wie dem auch sei. Diese Dinge genügen, um Sie aus dem Verkehr zu ziehen. Wir werden die Inquisition wohl gar nicht bemühen müssen.«

»Ich habe einflussreiche Beschützer.«

»Sie meinen Kardinal del Monte?«

»Ich meine Kardinalsnipote Scipione Borghese. Marchese Giustiniani. Monsignore Pandolfo Pucci. Das Fürstenhaus Colonna in Mailand. Und viele andere.«

»Sie haben aber einen noch einflussreicheren Gegner.«

»Wer sollte das denn sein?«

»Der Papst. Ihr Urteil ist bereits unterzeichnet. Ich kann nichts mehr für Sie tun.«

»Ich werde fliehen.«

»Ich denke kaum, dass Ihnen das gelingt. Sollte es Ihnen gelingen, so wäre dies nur ein kurzer Aufschub. Ihr Tod wird in jedem Falle so unwürdig sein wie Ihr Leben.«

Der Traum des Michelangelo Merisi

Mir träumte, ich rannte durch ein Gebäude von der Größe des Vatikans, in dem unzählige Kammern wie die Cubicula in den Katakomben neben- und übereinander lagen, durch Treppen und lange Gänge miteinander verbunden. Ich befand mich in einem Zustand fieberhafter Unruhe, oder zumindest großer innerer Aufregung. Die Kammern und Räume, an denen ich vorbeirannte, als wären im Hafen von Ripetta die Gendarmen hinter mir her, waren in unregelmäßiger Folge entweder stockdunkel oder grell erleuchtet. Die meisten der erleuchteten Kammern waren leer, sodass sie mir im Vorbeihasten nichts als den harten Schall meiner Schritte entgegenwarfen. Waren sie aber nicht leer, so erkannte ich im grellen Licht Ausschnitte von Gesichtern, Körpern, Tieren oder Gegenständen, die ich im Vorbeistürzen blitzschnell aufzufassen suchte und die von meinem Gehirn aufgefangen wurden wie Sonnenstrahlen von einer Linse. Während ich rannte und meine Kleider dabei verlor, merkte ich, wie ich auf einmal zu wachsen anfing und immer schneller immer größer wurde, was wiederum meine Geschwindigkeit erhöhte, weil dadurch auch meine Beine weiter ausgreifen konnten. Schließlich schnellte mein Kopf in einem letzten stürmischen Wachstumsschub gegen die Decke und schlug mich nieder. Als ich zu mir kam, näherte sich ein Knabe, der eine leichte Schnapsfahne hatte. Der richtete mich auf, trug mich ans Ende des Korridors und warf mich aus dem Fenster. Ich schlug auf dem Pflaster des Hofes auf und glaubte, ich wäre tot. Aber als ich die Augen öffnete, standen meine Freunde Lionello Spada, Antonio Tempesta und Benedetto breitbeinig vor mir und urinierten mir ins Gesicht, um mich wieder zu klarem Bewusstsein zu bringen. Sie taten so, als hätten sie mich lediglich unter den Tisch gesoffen. Ich erhob mich wütend, stieß sie zur Seite und stürmte aus der Taverne. Doch kaum hatte ich die Tür der Taverne geöffnet, stehe ich auch schon wieder in diesen Gängen mit den hellen und den dunklen Kammern. Wieder stürze ich los, zerhackt vom schnellen Wechsel von Licht und Schatten. Trotz panischer Schnelligkeit versuche ich die Bilder und Ausschnitte in den erleuchteten Kammern zu erkennen, bis ich wieder von diesem In-die-Höhe-Schießen meines eigenen Körpers und dem Prallen meines Kopfes gegen die Decke niedergestreckt werde. Ich werde vom nächsten Knaben, der ebenfalls eine Schnapsfahne hat, aber wie mit einer etwas nebensächlichen Schönheit bedacht scheint, aus dem Fenster geworfen. Wieder erwache ich zu Füßen meiner Kumpane, die mir ins Gesicht urinieren. Das Singen und das Gegröle in der Taverne wird immer lauter. Außer ein paar Huren sind nur Männer da, Hafenarbeiter, Halunken, die in einer Ecke, in der die Federn fliegen, einem Hahnenkampf zujohlen. Zu meiner größten Verblüffung entdecke ich etwas abseits dieser wogenden Männerkörper den Papst. Er trägt die Uniform der Corte, und er zeigt den Kopf oder die Gesichtszüge eines witternden Pferdes, in denen eine leicht übernatürlich wirkende Wachheit sich am Sarkasmus seines Wesens abzuarbeiten scheint. Er deutet auf mich, und ein paar Männer lösen sich aus dem Gewühl. Ich stürze zum Ausgang, öffne die Tür, und schon rase ich wieder durch diese Korridore. Was ich allerdings bemerke, ist, dass meine fieberhafte Unruhe in zunehmendem Maße nicht nur von Angst und Unlust bestimmt wird, sondern auch von Neugierde. Während ich an den Kammern entlangrase, halte ich den Bildern mein Gesicht entgegen wie einem harten Wasserstrahl. Erneut stoße ich aber durch diesen immensen Wachstumsschub mit dem Kopf gegen die Decke und werde niedergestreckt, wieder trägt mich ein Jüngling mit heißen Ohren und schlechtem Atem ans Ende des Korridors, wirft mich aus dem Fenster, und ich schlage wie tot auf dem Pflaster des Hofes auf. Als ich unter den Pissetrahlen und dem Gelächter meiner Freunde wieder zu Bewusstsein kam, war einer der Männer des Papstes bereits dicht bei mir. Hinter ihm sah ich den Papst, mit verschränkten Armen. Die Hähne schrien und waren voller Blut, und die Hahnenfedern spritzten. Mein Gott, ich bin fünfunddreißig! Ich muss hier raus, dachte ich plötzlich, bevor ich mich wieder mit dem eigenen Schädel zu Boden strecke. Ich muss fliehen. Ich muss aus dem römischen Rechtsgebiet raus. Wach auf, verdammt noch mal! »Ich werde fliehen« schrie ich. »Ich glaube kaum, dass Ihnen das gelingt«, sagte der Mann, der mir gegenüberstand. Einen Augenblick später lag er mit aufgeschlitzter Kehle auf dem Boden. Ich stürzte an die Tür. Diesmal war es nur Nacht. Ohne Gänge und Kammern. Ich hörte das Platschen des Tiber. Der Weg nach Neapel war frei. Im Traum ist alles möglich, dachte ich. Liebe ist stärker als der Tod.

Henning Mankell Wie Pferde mit Schaum vorm Maul

Über Caravaggios letzte Tage und Tod

I.

Kann man ihn sehen am Strand?
Seine Fußspur im römischen Sand,
Noch weiß er nicht, dass der Papst ihm erlaubt hat,
Zurückzukehren nach Rom.

Die lange Flucht ist vorbei,
Die Zeit des Wartens auf die Begnadigung zu Ende,
Ohne dass er davon weiß.

Kann man seine Augen sehen,
Die den Horizont absuchen?
Die den Sonnenglast abtasten
Nach dem Schiff, der kleinen *feluca*,
Die ihm davongesegelt ist?

Der Gedanke, dass Caravaggio in diesen letzten Lebenstagen
In eine Art menschliches Wrack verwandelt wird,
Ist ein Bild, das er geschätzt haben könnte,
Sogar verstanden.

Über Caravaggio lässt sich sagen, dass er das Leben kannte,
Weil der Tod sein Spiegel war.

In den Schatten fand er Licht,
Und im Licht dunkle Löcher,
Die die Geheimnisse des Lebens verbargen.

Er malte zwischen den Zeilen,
Seine Botschaft war nicht nur das, was wir sehen können,
Sondern auch das, was wir sehen könnten, wenn wir es nur wagten
Oder uns verirrt hätten mitten unter seine Gestalten,
Als wären sie ein schwer durchdringlicher Wald.

Jetzt geht er am Strand,
Zurückgelassen von einem davongesegelten Schiff.

Vor ein paar Tagen ist er angekommen,
Die spanischen Soldaten halten ihn für einen andern,
Sperren ihn ein,
Aber lassen ihn bald gehen.

Der römische Sommer ist erstickend heiß,
Am Meer weht vielleicht eine kühlende Brise.

Noch weiß er nicht, dass er bald sterben wird.

Die Mücken haben ihn gestochen
In den warmen und feuchten Nächten,
Die Parasiten sind schon in seinem Blut.

Aber noch ist er nicht krank,
Noch ist er mehr lebendig als tot.
Sein Blick ist noch nicht getrübt,
Er sieht sehr deutlich,
Dass das Schiff nicht dort draußen ist
Am Horizont.

Das Meer ist leer.
Er geht am Strand.
Was er denkt,
Können wir nicht wissen.

Doch wir können ahnen, dass er müde ist,
Vielleicht unruhig,
Vielleicht sogar ergeben.

Doch vor allem die Freude,
Verborgen in einer Erwartung.

Endlich zurückzukehren nach Rom.
Die lange Flucht,
Nachdem er im Streit einen Menschen getötet hat,
Nimmt ein Ende.

Er wartet und späht.

Noch ist das Leben also nicht zu Ende.
Caravaggio ist immer noch unterwegs,
Obwohl er vorübergehend in ein Wrack verwandelt ist.
Er sucht ebenso unruhig nach dem Schiff,
Wie er in seinem Innern nach Antworten
Auf seine Ungeduld sucht.

Caravaggio ist ein Mann, der nie das findet, was er sucht.
Er findet immer etwas anderes.

In seinen Bildern, den großen
Gemälden ebenso
Wie in den kleinen,
Finden sich immer Spuren von etwas anderem,
Farben, die gestalten, was dazwischen ist.

In Caravaggios Welt ist die Freiheit immer auf der Flucht.

Jeder Mensch, auch die toten,
Wie die sich bäumenden Pferde,
Die schummelnden Kartenspieler,
Die Wahrsagerin,
Die Musikanten und jene, die
Die scharfe Dornenkrone
Auf den Kopf des Volksaufwieglers aus Nazareth setzen,
Sind alle auf dem Weg hinaus aus dem Bild.

Sie sind vorübergehend auf Besuch in Caravaggios Welt,
Er malt sie,
Doch er nagelt sie nicht fest,
Er kreuzigt seine Motive nicht,
Sie bleiben, so lange sie wollen, in den Kostümen
Aus Öl und Farben aus Wurzeln und Tieren
Und Erde,
In die er sie kleidet.

Er hat sie nicht für ewig eingesperrt,
Sie bleiben in seinen Bildern,
Bis sie nicht mehr wollen.

Er hat ihnen nie Versprechen abverlangt
Von ewiger Unterwerfung,
Seine Gestalten sind immer frei zu gehen,
Auch die Toten,
auch die Enthaupteten.

Keiner ist gefangen,
Gefesselt in seinen Bildern.

Vor einem von Caravaggios Bildern zu stehen ist so,
Als stände man, wie er selbst, am Strand,
Wo die Grenze zwischen Meer und Land
Fließend ist, nie ganz klar zu bestimmen.

In den letzten Tagen seines Lebens
Späht er nach einer Bewegung auf dem Meer.

Er hofft noch, dass es ein Schiff gibt, das ihn nicht vergessen hat.

In Caravaggios Welt herrscht immer Bewegung.
Die Menschen, die er abbildet,
Sind von irgendwo gekommen,
Und sie sind auch auf dem Weg fort.

Wie der Sternenhimmel, den er so viele Male studiert haben muss,
Wohl vertraut mit den Gerüchten, die sagen,
Dass nicht einmal das Firmament stabil ist.
Einst standen die Sterne anders,
In einer unbekannten Zukunft wird der Tierkreis wieder aufgelöst sein,
Verwandelt.

So auch seine Bilder.
Caravaggio muss gedacht haben,
Dass die Bilder in tausend Jahren leer sind,
Nur die Schatten sind noch da, die Gestalten gegangen,
Auch die Toten,
Auch die sich bäumenden Pferde.

Die sich bäumenden Pferde,
Die er abgebildet hat,
Die aber auch in ihm waren.

Die Pferde mit Schaum vorm Maul,
Die ihn langsam
In Stücke rissen.

Die Pferde mit Schaum vorm Maul,
Ein einsamer Mann, der bald sterben wird,
An einem Strand bei Rom.

Ein einsamer Mann
Mit Schaum vorm Mund.
Aus dem Mund seines Herzens.

Wie die Pferde.

II.
Der Mann, der nach dem Schiff ausspäht
Und schon die Parasiten im Blut trägt,
Die ihn bald töten werden,
Lebt in einer unsicheren Welt.
Deshalb ist er unser Zeitgenosse.
Er sah, was kommen würde,
Und er ist unter uns,
Weil er immer gegenwärtig ist in seinen Bildern,
Manchmal als ein Schatten,
Manchmal abgebildet mit seinem eigenen Gesicht
Oder mit abgeschlagenem Kopf.

Vielleicht ist er manchmal nur einer der Finger,
Die den Hals der Laute umfassen oder
Die Spielkarten versteckt
Hinter dem Rücken halten.

Caravaggio ist unser Zeitgenosse,
Er sieht unsere Zeit,
Bevor sie eintrifft,
Und er lässt uns uns selbst sehen
In der Unsicherheit, in der er selbst lebte.

Der Mann am Strand hat
Sein ganzes Leben lang in seiner Kunst erzählt
Von der großen Unsicherheit.
Das Leben kann nie ohne Risiko gelebt werden,
Immer gibt es eine Bedrohung,
Oft nicht sichtbar, aber zwischen
Den Zeilen, die er malt, können wir uns selbst sehen,
Unsere eigene Angst.

Zusammen mit Caravaggio suchen wir am Horizont nach Schiffen.

Es ist sehr warm,
Die Hitze dampft,
In seinem Gehirn entstehen ständig neue Werke,
Die zu malen er noch nicht die Zeit gehabt hat,
Ähnlich dem von den Parasiten schon eingeleiteten Prozess.

Schon in wenigen Tagen werden die Schweißausbrüche kommen und der
Schüttelfrost,
Er ahnt bestimmt beim ersten heißen Hauch des Fiebers,
Dass die Zeit um ist.

Er wird seine Arbeit nie zu Ende führen.

Die meisten Kunstwerke bleiben in seinem Gehirn.
Die, die er geschafft hat zu malen,
sind nie etwas anderes gewesen als ein offen gelegter Prozess.

Er hat weggenommen, was nicht nötig war,
Und die Bilder sich selbst formulieren lassen.

Auf diese Weise erinnert er an Mozart,
Ist aber gleichzeitig sein Gegensatz,
Weil Mozart an die Schönheit glaubte,
Während Caravaggio nur das bejahte,
Was lebendig war.

III.
Er ist noch kein alter Mann,
Noch nicht vierzig Jahre alt.

Sein Leben lang hat er nach dem Unmöglichen gesucht,
Einer Art unbefleckten Klarheit.
Die Bilder, die er hinterlässt, sind die Erzählung
Dieser Suche.

Wir sehen sein Suchen,
Nicht das, was er fand.

Er gab uns den Spiegel der Zeit.

IV.
Manche haben ihn als gefährlichen Mann in Erinnerung.

Nicht weil er Menschen tötete,
Messer und Fäuste benutzte,
Sondern weil er sich nicht scheute,
Seine Angst zu gestehen.

Diese Angst, diese eingestandene Furcht vor den Schatten
Machte ihn gefährlich.

In seinen Bildern ist diese Angst zu sehen,
Und die Gefährlichkeit
Ist gegenwärtig in allem, was er malt.

Seine Pinsel erzählen, sie bilden nicht ab.

Er sagt zu uns:
»Seht die Bedrohungen, die in den Schatten warten,
Seht, wie wir unsere Götter behandeln und unsere Mitmenschen.«

Er sagt:
»Seht mich,
Damit ihr euch selbst seht.«

Er fordert uns auf, in die Bilder einzutreten,
Teilhaftig zu werden,
Darin zu bleiben und den Stimmen zu lauschen, die sich verbergen
In der schön ausgewogenen Mischung der Ölfarben,
Ihrer ständigen,
Fast unmerklichen Wanderung
Zwischen Hell und Dunkel.

Flüstern dringt aus seinen Bildern,
Wenn wir hinhören.
Vielleicht auch die Musik, die noch nicht geschrieben ist.
Bach wartet jenseits des Meeres.
Hätte er es gewusst,
Hätte er Caravaggio zuwinken können
Und später im Leben auch sagen können, was Caravaggio wusste:

»Gott, was du auch tust, nimm mir nicht die Freude.«

Caravaggio und Bach hatten etwas gemeinsam,
Sie spielten beide vierhändig mit Gott.

V.
Es ist der 15. oder 16. Juli 1609,
Die Hitze drückend,
Der Mann späht übers Meer.

Das Schiff ist weg, bald erreichen ihn die ersten
Fieberanfälle. Sie kommen plötzlich,
Als werde er von Räubern überfallen.

Am 18. Juli stirbt er,
Die letzten Bilder erstarren in seinem Gehirn.

Wir können sie uns vorstellen, wenn wir wollen,
Können sie ahnen in unserer eigenen Wirklichkeit,
Die so sehr an die Zeit erinnert, in der er lebte.

Caravaggios Gesicht: ein entfliehender Traum
Von einer anderen Zeit,
Einer anderen Welt.

Ahnte er, dass es sie gab?
War Gott ein Gedanke oder eine unmögliche,
Verzweifelte Hoffnung?

Lauschte er seinen Bildern?
Als ob die Gestalten,
Die toten oder die lebenden,
Versuchten, ihre Stimmen zu finden in dem Chor,
Den Caravaggio stets zu erschaffen im Begriff schien?

Ein einsamer Mann
Mit Schaum vorm Mund.

Wie bei den Pferden, die er mit einer ganz
Besonderen Art von Liebe malte.

Bald ist er tot.
Die Parasiten, die in seinen Blutkreislauf geschleudert sind,
Verschonen niemanden.
Die Malaria verbrennt ihn von innen.

Als er stirbt, kocht sein Hirn,
Die letzten Gedanken werden kremiert,
Die letzten ungemalten Bilder
Werden zu Asche.

VI.
Wie auf einem altertümlichen polizeilichen Steckbrief
Tritt sein Gesicht hervor.

Am allerdeutlichsten vielleicht in Leonis Bild,
Dem Porträt, das er gemalt hat.

Rot gemischt mit Schwarz,
Wie Schatten, Blut und Licht

Er sieht uns an, aufmerksam
Und dennoch abwesend.

Sind wir, oder sind wir nur etwas, was er sich vorstellt?

Der Steckbrief ist eindeutig,
Dunkles Haar, Bart, kräftige Nase,
Augen mit hoch gewölbten Brauen,
Ein schöner Mann, würde mancher sagen,
Andere meinten, dass er war, der er war,
Eine Verbrechernatur,
Voller Gewalt, trotz seiner großen Fähigkeit, Menschen abzubilden
Und Bewegungen.

In seinem Gesicht ist das,
Was sich auch in den Gesichtern findet, die er abbildete,
Das Blut, das unter der Haut pulsiert,
Dicht unter der Haut aus Öl.

Die mit Öl vermischte Farbe ist eine Grenzlinie
Zwischen dem Bekannten und dem, was wir nicht wissen.

Er malte die Bewegung, nie das Abgeschlossene.

Die gequälten Menschen, die er malt,
Haben den größten Schmerz noch nicht erreicht,
Bewegen sich aber darauf zu.

So auch die Freude, die größer wird,
Wie auch das milde Lächeln, die Trauer.

Er bildet die Bewegung ab,
Seine Menschen sind immer unterwegs,
Genau wie er selbst
In diesen letzten Tagen seines Lebens.

Neununddreißig ist er, und alles wird sehr bald aufhören.

Weiß er davon? Das können wir nicht beantworten,
Ebenso wenig wie wir sagen können,
Wir verstünden seine Bilder.

Das Einzige, was wir mit Sicherheit sagen können,
Ist, ob wir uns selbst verstehen oder nicht.

In Caravaggios Bildern gibt es immer weitere Welten,
Die wir erst sehen können,
Wenn wir dem Bild den Rücken zugekehrt haben.

Hinter uns gibt es andere Bilder,
Andere Gesichter und Stimmen,
Die Caravaggio uns zu sehen auffordert
Und anzuhören.

Er weiß, bei dem Leben, das er führt, ist es immer gefährlich,
Sich abzuwenden.

VII.
An wen denkt er,
jetzt, da die Fieberanfälle einsetzen?
Da er einsieht, dass die bemessene Zeit
Ihn nicht länger zweifeln lässt,
Dass er am Ende ist.

Dachte er an jemanden
Oder an das, was sich noch immer
Ungetan in seinem Gehirn findet?

Niemand weiß es.
Doch stelle ich mir vor, dass er Trost sucht in den Gesichtern,
Die er selbst geschaffen hat.
In den liebevollen Details, bei denen
Seine Pinsel zu Fingerspitzen wurden, mit denen
Er die Gesichter streichelt, die er heraufbeschwört.

Vielleicht ist die Wahrsagerin bei ihm?
Die Fingerspitzen in die Hand getaucht dessen, dem sie weissagt.
Und ihr Lächeln,
Abwartend und sehr nah zur gleichen Zeit,
Dieses Lächeln,
Das uns vielleicht ahnen lässt,
Dass das Wissen um das Schicksal
Nicht erschreckend sein muss.

Ihr Lächeln, die Fingerspitzen,
Der halb offene Mund,
Vielleicht war sie's, die bei ihm war,
Als die Fieberanfälle immer stärker wurden,
Seine Momente von Klarheit immer seltener.

Vielleicht war sie bei ihm
Oder er bei ihr?

Der Mann am Strand hört auf, nach seinem Schiff Ausschau zu halten.
Er ist nicht mehr von seinen Bildern umgeben,
Darauf hat es Menschen gegeben, denen er vertrauen konnte,
Sie haben ihn nie betrogen,
Haben ihn nicht blutig geschlagen, ihm kein Messer ins Fleisch gestoßen.

Jetzt ist er allein,
Der Tod ist schon in seinem Blutkreislauf.
Bald wird er in das Dunkel fallen,
Aus dem er einst gekommen ist.

Sein letztes Bild besteht nur aus einem einzigen Schatten,
Die Menschen sind übermalt, fort.

Er geht am Strand,
Der Sommer ist heiß und feucht,
Alles drückend.

Er wartet auf den Gnadenakt des Papstes.
Nichts anderes,
Nur diese verzweifelte Sehnsucht,
Die lange Flucht beenden zu dürfen
Und wieder zurückzukehren nach Rom.

Der Mann, der Strand,
Die drückende Wärme,
Bald ist alles vorbei.

VIII.
Er hatte einmal Michelangelo Merisi geheißen.
Vielleicht tat er es immer noch?
Seinen Namen und seine Zugehörigkeit
Hatte er abgelegt wie alte Kleider.

Der Kardinal Federico Borromeo
In Mailand schreibt:

»Zu meiner Zeit kannte ich einen Maler in Rom,
Der schlechte Manieren und üble Gewohnheiten hatte
Und immer in schmutzigen und abgerissenen
Kleidern ging.
Dieser Maler schuf nichts von Wert in seiner Kunst,
Malte nur Tavernen ab, Säufer, Wahrsagerinnen
Und Spieler.
Nie war er so glücklich, wie wenn er diese
Menschen abgebildet hatte.«

Niemand weiß, was er eigentlich dachte.

Wenn er daherkam,
War es, als ob seine Ungeduld ihm den Weg bereitete,
Seine Ungeduld wie eine Vorhut
Wütender und unberechenbarer Hunde.

Was alle von dem großen Maler wussten,
War, dass seine Geduld so brüchig war wie
Hauchdünnes Eis
Oder wie die Schale eines Vogeleis.

Er war ein Mann, der ständig barst,
Sich ständig losriss von dem,
Was ihn zurückhielt.

Einst hatte er Michelangelo geheißen.
Sein Vater Fermo war gestorben, als er sechs Jahre alt war,
An ihn konnte er sich kaum erinnern,
Nur wie an eins der vielen unvollendeten Porträts,
Die in den großen Galerien seines Innern hingen.

Seine Mutter lebte länger,
Bis er neunzehn Jahre alt war.

Über sie nichts als Schweigen.

Zwei Jahre später kommt er nach Rom.

Seine Ankunft kündigt nicht von dem, was kommen wird.
Noch ist er Michelangelo Merisi aus Caravaggio,
Noch nicht der große Meister
Mit seinem zügellosen Temperament,

Noch ist er niemand.
Bei Giuseppe Cesari,
Auch bekannt als Cavalier d'Arpino,
Lässt man ihn Blumen und Früchte malen.

Schon da sitzt ihm der Atem des Todes im Nacken.
Er bekommt seine ersten Malariaanfälle,
Seine Augen glänzen vom Fieber.
Er bildet sich ab als den kranken Bacchus.

Er ist unterwegs zu sich selbst,
Zu dem inneren Hohlraum, wo seine Bilder auf ihn
Warten.

Ahnt er, was kommen wird?
Ist er schon bereit, seinen Körper aufzuschneiden,
Um seine Bilder herauszulassen?

Die Freiheit, die immer auf der Flucht ist.
Sein inneres Gefängnis, das niedergerissen werden muss,
Stein für Stein,
Damit er malen kann.

Der kranke Bacchus
Mit seinen Trauben
Und seinem Lorbeer
Ist ebenso ein Bild der Krankheit
Wie des Triumphs.

Eine der Trauben,
Die er in der Hand hält,
Ist zerquetscht,
Sein Daumennagel macht einen schmutzigen Eindruck.

Der Triumph, die Krankheit und ein eigentümliches Bitten,
Der Blick, der sein Fieber ahnen lässt.

Worum bittet er?
Zeit, nichts anderes.

Michelangelo Merisi,
Ein junger Mann in Rom,
Es ist das späte 16. Jahrhundert,
Die Welt ist böse, bedrohlich, unberechenbar.

Wie er selbst.

IX.
Dennoch ist er schon von Anfang an
Ein Mann, der unsere Art zu sehen
Verändern wird.

Immer noch können wir seine Größe nur ahnen,
Er gleitet uns noch aus den Händen,
Als ob er durch die dunklen Gassen flüchtete
Vor einigen Verfolgern,
Die er höhnisch beleidigt hat.

Lauschen wir seinen Bildern,
Hören wir seine Stimme,
Diesmal weich, nicht unwirsch,
Nicht streitend.

Er sagt:
»Die Zukunft ist unbekannt, immer
Ein Rätsel.«

Nur wenn wir immer wieder zurückkehren
Zu seinen Bildern,
Können wir an die Geheimnisse rühren,
Die er uns entdecken
Lassen wollte.

»Ich lebte damals,
Ihr lebt jetzt.
Dennoch leben wir alle
Gleichzeitig.«

X.
Caravaggio ging in seinem Leben immer
Sehr dicht an die Wirklichkeit heran,
Die er abbilden wollte.

Auch bei den größten Abständen
Suchte er die Nähe,
In allen seinen Werken ist das Detail stets
Größer als das Ganze.

In Isaaks Auge,
Das von Schrecken erfüllt auf uns gerichtet ist
Oder auf den Mann, der den Pinsel hält,
Gibt es einen weißen Fleck, im rechten Auge.

Der ganze Schmerz und die Angst,
Die aus dem Bild spritzen
Wie Blut aus einer abgeschlagenen Pulsader,
Ist in dem weißen Fleck gesammelt.

In einem kleinen Punkt nur
Öffnet sich das Bild, damit wir
Uns auf die Suche machen können nach dem,
Was Caravaggio uns sehen lassen will.

Drei Gestalten und ein Tier
Finden sich auf diesem Bild,
Der Engel, der Abraham und sein Messer ablenkt
Von Isaaks Kehle,
Daneben ein Widder,
Dessen Blick gerade ins Zentrum des Bildes führt,
Das es nicht gibt.

Im Hintergrund, weit entfernt,
Ein Schloss, Konturen eines Waldes,
Ein warmer Himmel,
Vielleicht Morgen,
Aber ebenso gut Abend.

In dem weißen Fleck in Isaaks Auge
Sind alle Details zu einem Ganzen erfasst.

Nur aus sehr großer Nähe
Ist der weiße Punkt sichtbar.

Dennoch sehen wir ihn,
Den kleinen Lichtpunkt,
Der durchs Dunkel bricht.

Caravaggio lehrt uns zu sehen,
Was wir nicht sehen.

So erschafft er die neue Malerei,
In der die Bewegung und das Menschliche
Sich befreien vom Mythos und dem Schimmer
Des Mythischen und Vollendeten.

Er weiß, dass das Vollendete nicht existiert.
Das wahrhaft Menschliche setzt das Unfertige voraus,
Die schmutzigen Nägel,
Die Gewalt, das Zahnlose
Und den weißen Flecken im Auge des Schreckens.

Im Zentrum des Bildes,
Dem Mittelpunkt, der nicht existiert,
Ist das scharf geschliffene Messer.

Abrahams Hand krampfhaft geschlossen
Um den Griff des Messers,
Isaaks Kehle noch nicht durchschnitten.

Doch jenseits des Bildes
Das, was wir durch den weißen Fleck erkennen,
Der Augenblick, in dem das Messer die Kehle durchschneidet.
Und der Tod malt die letzten Nuancen in den
Dunklen Farben.

Caravaggio zwingt uns,
In die Räume zu blicken,
Die von den Möglichkeiten der Wahl gebildet werden.
Zu töten oder nicht,
Wenn keine Engel da sind,
In dem Schweigen,
Wenn ein Mensch mit sich allein ist.

Isaak fleht um Gnade
Auf die gleiche Weise, wie die Suche nach der Gnade
Stets das ererbte Los des Menschen ist.
Tief drinnen in Isaaks Auge
Der weiße Fleck,
Der uns nie entgehen darf.

XI.
Ich habe von ihr geträumt,
Der heiligen Katharina von Alexandria,
Seit jenem frostkalten Januartag,
An dem ich sie sah, in einem Museum in Madrid.

Es ist jetzt mehr als zwanzig Jahre her.

Immer noch weiß ich, dass ich ihr eines Tages
In der Wirklichkeit begegnen werde.
Vielleicht auf einer Straße
Oder hinter dem Tresen in einem Café.

Sie tritt aus dem Bild
Und wird zu einer Begleiterin.

Die Märtyrerin steckt noch in ihr.
Für mich jedoch ist sie eine der Frauen,
Die ich gesehen habe und an die ich mich erinnere.

So nah dem Wirklichen
Und mir so nah.

Die Zeit verschwindet wie in einer
Plötzlich auftauchenden Nebelbank.

Auch das hat Caravaggio uns gelehrt,
Dass die Zeit uns betrügt,
Die optische Täuschung bei uns liegt.

Ich verkehre mit den Toten wie mit den Lebenden.

Caravaggio hat sie mir gesandt.
Eines Tages werde ich ihrer Stimme lauschen,
Die ich nur ahnen kann,
Ihre Hände sehen,
Die Caravaggio mit der Meisterschaft des Absoluten gemalt hat.

Wer sie war,
Weiß niemand.

Ein Modell,
Ein namenloses,
Eine von denen, mit denen Caravaggio zu reden liebte.

Während er sie malt,
Schweigt er nicht.

In ihren Augen sieht man
Seine Stimme.

Gerade als er sie mit dem Pinsel einfängt,
Sagt er etwas Aufregendes.

Nach vierhundert Jahren
Erreicht uns ein Echo.

Sie überbringt seine Botschaft.
Er die ihre.

XII.
Am Ende.
Was bleibt ihm noch,
Als seinen eigenen Tod zu malen.

Er befindet sich in Neapel,
Auf seiner langen Flucht,
Und wartet auf die Erlaubnis des Papstes,
Nach Rom zurückzukehren.

Er schlägt seinen eigenen Kopf ab
Und lässt ihn David mit der linken Hand halten.

Caravaggio als Goliath,
Ein ausgezehrter Verbrecher
Mit gebrochenen Augen
Und halb offenem Mund,
Der nur noch kümmerliche und
Verfaulte Zähne ahnen lässt.

Davids Gesicht ist fast weiblich, weich,
Ein junger Mann, der mitleidig
Den Kopf betrachtet.

Die Botschaft an den Papst ist offenkundig.
Sieh dich selbst in David
Und mich in einem abgeschlagenen Kopf.
Nichts anderes begehre ich
Als das eine,
Gnade für einen Toten.

Er sendet das Gemälde nach Rom,
Im gleichen Jahr, in dem er stirbt.

Genau am Ende dieses merkwürdigen Lebens,
Seinen eigenen abgeschlagenen Kopf,
Als Gesuch um Gnade.

Doch wofür?
Nach Rom zurückzukehren.
Doch was weiter?

Caravaggio gibt keine Antworten mehr.

In diesem späten Bild
Malt er das Schweigen,
Flecken von Licht
Aus einem großen Dunkel.

Er will zurückkehren nach Rom,
Nichts sonst, nichts weiter.

Er flüstert in das Ohr des Papstes:
»Ich streite nicht mehr,
Lösche kein Leben mehr aus,
Erlaube meiner Ungeduld nicht mehr, die Menschen
Umzubringen, denen ich begegne.«

Am Ende ist es das,
Was ihm noch bleibt,
Den eigenen Tod zu malen.

In Schweigen.

XIII.
Die Gezeiten steigen und fallen,
Seine Bilder verändern sich vor unseren Augen.
Noch haben wir nur an ihre Oberfläche gerührt.

Wagen wir es, einzudringen in die Höhlensysteme
Aus Blut und Feuer und Farben,
Gerieben aus Wurzeln und Kohle und gepressten Blumen?

Seine Bilder
Verlangten ihm die gleiche Kraftanstrengung ab,
Wie eine Höhlenöffnung in den Fels zu schlagen.
Ein streitsüchtiger Mann,
Der einmal Michelangelo Merisi hieß,
Wartet im tiefsten Innern der Höhlensysteme,
Die er erforschte
In ewigem Kampf mit sich selbst
Und den Menschen, denen er Leben gab,

Oft war er betrunken,
Ebenso oft widerwärtig, böse,
Er prügelte sich gern,
Zögerte am Ende nicht einmal zu töten,
Wenn es nötig war.

Aber vor allem hatte er Angst.
Er hatte etwas gesehen,
Was wir anderen nur ahnen konnten.

Eine innere Wahrheit
Oder eine andere Wirklichkeit,
Ungreifbar,
Und doch so nah.

Ich stelle mir vor, dass seine inneren Räume am Ende so voll waren,
Dass er es nicht mehr aushielt.

Die Höhlen waren gefüllt
Wie die Galerien,
Der streitsüchtige, dunkelhaarige Mann
Mit den hohen Augenbögen
Hatte gesagt, was er zu sagen hatte.

Allein am Strand,
Den Blick zum Horizont gerichtet,
Sucht er sein Schiff.

An Bord sind eine Anzahl Bilder,
Seine Pinsel und Farben
Und die wenigen Habseligkeiten,
Hauptsächlich abgetragene Kleider und Stiefel,
Die er besaß.

Vielleicht war auch ein Fischer
Am Strand,
Oder ein Hund,
Der ständig fürchtete, geschlagen zu werden.

Da hört das Bild auf.

Der Mann, der in seinem Innern
Einem Pferd mit Schaum vorm Maul
Ähnelt,
Der sich ängstlich duckende Hund.

Als die Fieberanfälle zu schwer werden,
Ist der Hund der Einzige, der bei ihm wacht.

In den letzten Fantasien
In der hintersten Tiefe der Höhlensysteme
Verwandeln seine Bilder sich in Träume.

Unbesiegt verlässt er das Leben,
Genau so, wie er einmal kam.

Noch haben wir ihn nicht eingeholt.

Caravaggio ist immer noch der Zukunft näher,
Die uns alle erwartet.

Er versuchte, uns sehen zu lehren,
Wenn wir nur zu sehen wagten.

Am Rand des Gesichtskreises,
Jenseits seines Blicks,
Segelte das kleine Schiff zurück nach Neapel
Mit seinen Bildern, Habseligkeiten
Und Farben.

Er brauchte sie nicht mehr.

Langsam versiegelte er sich selbst
Und öffnete die Höhlensysteme für immer.

XIV.
Am 18. Juli 1609
Liegt ein toter Mann in seinen zerrissenen Kleidern
Am Strand.

Ein Hund bewacht seinen Körper.

Caravaggios letztes Bild
Ist in seinem Gehirn erstarrt.

XV.
Das Einzige, was er nie malte,
War das Meer.

Im Text genannte Werke (in der Reihenfolge ihrer Erwähnung)

Jugendlicher Bacchus

Die Opferung Isaaks

Die Bekehrung des Saulus

Die Kartenspieler

Die Wahrsagerin

Die Musikanten

Die Dornenkrönung Christi

Die heilige Katharina von Alexandria

David mit dem Haupte Goliaths

Außerdem Ottavio Leoni (1587–1630) Porträt von Caravaggio

Nino Filastò Fluch der Geschichte

»… Wenn Ihr ihn kennen würdet, würdet Ihr sagen, dass der Autor ein wirres Gesicht hat: Es scheint, als müsse er ständig über die Strafen der Hölle nachdenken, es scheint, als hätte er zwischen den Stangen in der Hutpresse gesteckt: Meist werdet Ihr ihn verdrießlich sehen, widerwillig und wunderlich, er gibt sich mit nichts zufrieden, eigensinnig wie ein Alter mit achtzig Jahren, launenhaft wie ein Hund, dem tausendmal das Fell gegerbt wurde …«

So präsentiert sich Giordano Bruno in der Vorrede seines »Candelaio«, und man könnte meinen, eine Beschreibung von Caravaggios ›Geköpftem Goliath‹ zu lesen, in dem der Maler sich selbst porträtiert. (Die Hutmacher bearbeiteten, zumindest zu Caravaggios Zeiten, den Filz eingespannt zwischen dünnen Stangen in einer Presse, um ihn so in die gewünschte Form zu bringen.)

Man kann Michelangelo Merisi da Caravaggio so manches nachsagen, aber sicher nicht, dass er sich nach Belieben formen ließ, wie im Übrigen auch nicht Giordano Bruno. Dies bewirkten weder die weltlichen Herren, die stets versuchten, ihn zu einem akademischen und dogmatischen, dienstbaren Künstler an ihren Höfen zu machen, noch, wie behauptet wurde, Kardinal Federico Borromeo, noch die gerichtliche Verfolgung, ja nicht einmal die Aussicht auf die Ritterwürde des Malteserordens, die er so ersehnte – hauptsächlich wohl aus strafrechtlichen Überlegungen, wie man heute sagen würde.

Zu einfach ist es, wenn auch ganz nach dem Geschmack der Massenmedien, den großen Meister allein unter dem Blickwinkel des »verfluchten Malers« zu betrachten, des rauflustigen und aufbrausenden Tunichtguts mit schlechtem Umgang, um sich dann auf seine Homosexualität zu stürzen (die jüngst bei einem erfindungsreichen Autor als Grund für seine Ermordung durch die Hand eines eifersüchtigen Liebhabers herhalten musste) und dabei noch das Bild des von der kapitolinischen Gerichtsbarkeit verfolgten Mörders deutlich herauszuarbeiten.

Es ist nicht ausgeschlossen, dass diese kriminologischen Legenden um den Maler für manchen Ausstellungsbesucher, dessen Aufmerksamkeit von Sensationslust getrübt ist, den größten Reiz darstellt. Legenden, mit denen es durch einen genauen Blick auf die Werke des Meisters aufzuräumen gilt, trotz der unzweideutigen historischen Dokumente. Denn tatsächlich besteht kein Zweifel, dass am 9. Mai 1606 ein gewisser Ranuccio Tomassoni beim Campo Marzio in Rom getötet wurde. Und Fakt ist auch, dass der Täter Michelangelo Merisi da Caravaggio hieß, der ihn bei einem ganz regulären Duell mit allen erforderlichen Sekundanten tötete und selbst eine Verletzung am Kopf davontrug.

Und doch kann man nicht so recht glauben, dass allein dieser, den damaligen Sitten nach ziemlich banale Zwischenfall der Hauptgrund für all das Unglück des Malers gewesen sein soll, das ihn zwang, »häufiger das Land zu wechseln als die Schuhe« (wie der wohl kaum gefügigere Dichter Bertolt Brecht es von sich sagte) und den Stationen eines ewigen Exils zu folgen, das schließlich mit seinem rätselhaften Tod endete.

Musste der Maler nicht vielmehr wie der schreibende Philosoph Giordano Bruno deswegen das Exil auf sich nehmen, weil er mit seinen Werken in einem Land Anstoß erregte, in dem die Gedankenfreiheit verfolgt und jene Menschen an den Pranger gestellt wurden, deren Lebenswandel allein dieser Freiheit verpflichtet war?

Schon ihrer beider Irrfahrten legen es nahe, Parallelen zwischen dem Maler und dem Philosophen zu suchen. Der Philosoph aus Nola war kosmopolitischer als der Maler aus Bergamo. Bevor die römische Tyrannei Giordano Bruno in der Ewigen Stadt in Ketten legte – in immer anderen Kerkern, angefangen bei denen der venezianischen Inquisition bis hin zu den römischen –, hatte sie ihn von Nola nach Genf getrieben, nach Toulouse, Paris, London, Wittenberg, Prag, Helmstedt, Frankfurt und Venedig, stets verfolgt von einer politischen Macht, die fest von ihrer Fähigkeit, um nicht zu sagen Pflicht überzeugt war, all jenen den Tod zu bringen, die sich in irgendeiner Weise der religiösen Macht widersetzten.

Als es den »verfluchten Priestern« Roms, wie Francesco Guicciardini sie nannte, unter nicht geringem bürokratischem Aufwand gelang, seiner habhaft zu werden und ihn in Rom einzusperren, kannten die Beamten der Heiligen Römischen Inquisition die Schriften des Philosophen aus Nola hauptsächlich vom Hörensagen. Giordano Bruno war schon gefangen genommen und virtuell zum Scheiterhaufen verurteilt, als seine Richter überhaupt erst beschlossen, sich seine gedruckten Werke zu beschaffen und sie zu studieren. Nach der verspäteten Lektüre erschauderten sie in besserer Kenntnis des schändlichen Falls und fragten ihn, ob er abschwören wolle. »Wem soll ich abschwören, und weshalb?« erwiderte der Philosoph.

So wurde er am 17. Februar des Jahres 1600 bei lebendigem Leibe auf dem Campo dei Fiori verbrannt. Vielleicht befand sich Caravaggio in der Menschenmenge, die der Hinrichtung beiwohnte. Vielleicht sah er den Körper des Nolaners langsam schwarz werden wie die grob behauenen Wände der Gefängnisse, auf die er später seine Skizzen zeichnen sollte. Vielleicht hörte er, wie seine Schreie sich über die Stimme des Richters legten, der das Urteil verlas. Vielleicht vergiftete der grausame Gestank nach verbranntem Fleisch das Blut des Künstlers und entfachte in ihm die Flamme der Rebellion nur noch stärker.

Aller Wahrscheinlichkeit nach hatte Caravaggio nichts von Giordano Bruno gelesen. Er stand der Literatur nicht sehr nahe, war als Maler seit jeher einzig auf seine Kunst konzentriert. Wahrscheinlich wusste er über den Philosophen nicht mehr als das gemeine Volk: schließlich war der Mann aus Nola eine öffentliche Person, bekannt als Ketzer, der bald die gerechte Strafe für seine Vergehen erhalten würde, am Ende berühmt durch seinen Scheiterhaufen. Vielleicht kannte der Meister seine äußere Erscheinung, das Abbild eines Mannes, der sich selbst als »verdrießliche Gestalt, *in tristitia ilaris, in hilarite tristis*« bezeichnete.

Im August des Jahres 1605 beschlagnahmten die Gerichtsvollzieher der kapitolinischen Justiz Caravaggios gesamtes Hab und Gut aufgrund einer Klage seiner Hausvermieterin im Vicolo San Biagio, Signora Prudenzia Bruni, welcher der Maler die Miete der vergangenen sechs Monate schuldete. Die von den Beamten pedantisch vorgenommene Bestandsaufnahme seiner Besitztümer fiel ausgesprochen bescheiden aus.

Es war die Wohnung eines Armen oder zumindest eines, der nicht viel Wert auf Einrichtung legte, was im Übrigen auch für seine Kleidung galt, wenn es zutrifft, dass er sich zwar einerseits in Samt hüllte, andererseits aber denselben Rock so lange trug, bis er ihm wie einem Bettler in Fetzen vom Leibe herabhing. Schriftlich festgehalten wurden ein paar Stühle und Bänke, ein Hinweis darauf, dass der Maler mit anderen Künstlern gemeinsam zu malen pflegte. Außerdem das Allernötigste für ein Mittagessen: ein Tisch, eine Anrichte mit etwas Geschirr. Im oberen Stockwerk – das Haus verfügte nur über Erdgeschoss und erste Etage – fand man neben einem Bett und einer Waschschüssel einen Nachtstuhl. Ein solcher Nachtstuhl ist wie ein Lehnstuhl beschaffen, in dessen Sitzfläche sich ein großes, rundes Loch befindet. Darunter schob man einen Nachttopf, eines dieser Gefäße aus Majolika, die zu jener Zeit hoch, massiv und von großem Fassungsvermögen waren. Der Benutzer setzte sich auf den Nachtstuhl und verrichtete seine Notdurft, manchmal im Beisein von Freunden und ohne die Konversation zu unterbrechen. Es mag ungebührlich erscheinen, doch kann man sich einen ungenierten Kerl wie Michele – wie ihn seine Freunde nannten – leicht auf diesem Thron vorstellen. Interessant ist der Fund von zwei Degen und zwei Dolchen, beide äußerst gepflegt und in gebrauchsfertigem Zustand. Und es ist nicht vermessen zu vermuten, dass sie ihm nicht nur als Vorlage für seine Bilder dienten.

Noch interessanter ist die Auflistung der vorhandenen Arbeitsutensilien. Außer der Palette und den Farben finden sich Gemälde, manchmal nur als Skizze, ohne dass wir wissen welche, da lediglich ihre Größe beschrieben wird – was ein deutliches Licht auf die Nachlässigkeit der Gerichtsvollzieher wirft, auf ihr Desinteresse, um nicht zu sagen ihre Verachtung für derlei Kunstdinge –, es finden sich Leinwand und Staffeleien und außerdem zwei Spiegel, der eine groß und flach, der andere konvex gewölbt in der Art eines Schildes. Die Spiegel und die spezielle Klage der Signora Prudenzia, die in ihrer Beschwerde anführt, der Maler habe ihr die Zimmerdecke durchstoßen und ein Loch hineingebrochen, dafür sie Entschädigung verlange, führen uns zu dem speziellen, fast wissenschaftlich-phänomenologischen Interesse des Malers am Licht. Bei dem Loch in der Decke fallen einem einige Bilder Caravaggios ein, auf denen eine Klinge aus Licht von oben herabstößt und mit klarem Schnitt das Dunkel teilt. Wenn es stimmt, dass dieser Durchbruch in der Decke nicht nur das Licht, sondern bei schlechtem Wetter auch den Regen einließ, wird deutlich, wie weit die Gleichgültigkeit des Meisters gegenüber allem reichte, was nicht seine Kunst betraf.

Außerdem findet sich eine längliche Holzkiste mit zwölf Büchern. Ebenso wie bei den Gemälden sind Themen und Titel unbekannt. Hier wird wiederum deutlich, wie weit die Gleichgültigkeit des Vollziehungsbeamten reichte, der für die Beschlagnahmung zwar jedes Einrichtungsstück pedantisch auflistete, die Anzahl der Stühle und die Anzahl des »Glases« im Speiseschrank, nicht zu vergessen den Nachtstuhl, aber alles ignorierte, was mit Kultur zu tun hatte. Es sind zu wenige Bücher, um Merisi einen Literaten zu nennen, und zu viele, um ihn angesichts der damals horrenden Preise für ein Buch einen Banausen zu nennen, ganz abgesehen von seinen außergewöhnlichen Kenntnissen im Bereich der Kunst.

Doch können wir sicher sein, dass kein Buch Giordano Brunos darunter war. Vor allem, weil die Bücher des Ketzers in Rom verboten waren und wegen des großen Risikos nur mit viel Glück in irgendeinem versteckten Hinterzimmer eines der raren freidenkerischen und ungläubigen Buchhändler aufzutreiben waren; und außerdem, weil man davon ausgehen kann, dass, hätte der Justizbeamte unter den Sachen eines säumigen Schuldners auch nur irgendein Buch des »Zauberers«, »Lutheraners« und »Atheisten«, des »verdrießlichen«, »widerwilligen« und »wunderlichen« Giordano Bruno gefunden, er es sicher fein säuberlich mit Titel und Verlegername notiert hätte, wenn nicht gleich mit dem Hinweis, dass es sich um ein indiziertes Buch handele, das auf die Frevelhaftigkeit nicht nur seines Verfassers, sondern auch des Besitzers hinweise.

Dennoch ist es möglich, dass die Ideen des Nolaners wie überall in Europa auch unter der geistigen Elite im Rom Klemens' VIII. kursierten, und so auch in dem einen oder anderen philosophischen Zirkel, dem Caravaggio angehörte. Dies würde auch die Parallelen zwischen den Bildern des Malers und dem Denken Giordano Brunos erklären. Der Mensch habe keinen Zugang zum Licht, behauptete der Philosoph, er befinde sich »im Schatten des Lichts«. Die so modern und im Vergleich zu Rembrandt fortschrittlich anmutende bildnerische Suche des Bergamasken widmet sich ganz dem Phänomen des Hell-Dunkel-Kontrastes, dem Spiel von Licht und Schatten, dem Schatten innerhalb des Schattens, unter Einsatz damals modernster Instrumente der Optik – wie des konvexen Spiegels und der Camera obscura –, eine Suche nicht nur mit Mitteln der Malerei, sondern auch der Philosophie und des abstrakten Denkens. Eine weitere Parallele zwischen dem Maler und dem Philosophen besteht darin, dass Bruno sich als »Akademiker des Nichts« bezeichnete, während Caravaggio einen Hass auf jede Art Akademie nährte, den die Gelehrten prompt erwiderten.

Doch wollen wir nun die Vorgänge genauer beleuchten, die den Maler ins Exil zwangen. Zunächst einmal ist mehrfach dokumentiert, dass Michelangelo Merisi ein aufbrausender Charakter war, alles andere als »widerwillig« im Einsatz der Fäuste oder des Degens, sowohl anlässlich des Todes von Ranuccio Tomassoni als auch schon bei früheren Gelegenheiten.

Andererseits wimmelte es im Rom der Jahre um 1600 nur so von gewalttätigen, rebellischen, rauflustigen und blutrünstigen Gestalten. Die Stadt hatte sich zu einem politischen Knotenpunkt entwickelt, wo mehr als irgendwo sonst die verschiedenen Faktionen aufeinander trafen, die in ganz Europa den Boden mit Blut tränkten und tränken würden. Die zwei Parteien, die um die Gunst der päpstlichen Macht kämpften, waren die spanische und die französische Faktion. Die römischen Adelsfamilien duellierten sich mittels ihrer jeweiligen Banden angeheuerter Bravi mit dem Schrei »Es lebe Spanien« oder »Es lebe Frankreich«. Gestritten wurde mit Stockschlägen, Ohrfeigen, blutigen Degen- oder Dolchhieben und auch dem profaneren Steinwurf. Neben den politisch und parteilich motivierten Auseinandersetzungen wurde die römische Nachtruhe von herumziehenden Jugendbanden gestört, bis an die Zähne bewaffneten Schlägertypen, die sich nach enthemmenden Tavernenbesuchen damit vergnügten, die Prostituierten unter ihren Fenstern zum Besten zu halten, auf den Plätzen Glücksspiel zu betreiben oder Seilball zu spielen, und die sich oft genug untereinander in die Haare gerieten. Tatsächlich waren die römischen Nächte jener Zeit, wenngleich von einer sanften Brise gestreichelt, alles andere als ruhig oder idyllisch wie die spätere, beschönigende Musiktradition der Operette uns glauben machen will. Der zwanzigjährige Michele gehörte seit seinem ersten Rom-Aufenthalt im Jahre 1592 einer jener Banden an.

Damals war er aus Mailand geflohen, nachdem er den gesamten Besitz aus einer mittelprächtigen Erbschaft veräußert hatte. In jener Stadt war er wohl mit für den gewaltsamen Tod eines Unbekannten verantwortlich, weshalb ihn die spanische Justiz für ein Jahr hinter Gitter gebracht hatte.

Schon 1593 argwöhnten die päpstlichen Sbirren in einem Fall von obszöner Beleidigung und Hausfriedensbruch zum Schaden einer Handwerkersgattin, deren einzige Untadeligkeit darin bestand, dass ihr Mann wegen Schulden im Gefängnis saß, seine Komplizenschaft mit der für die Tat verantwortlichen Bande von Rüpeln (der daneben aber auch Leute angehörten, die man heute als »anständig« bezeichnen würde, darunter der Adlige Onorio Longhi).

Im damaligen Rom kollidierte wie in fast allen Städten Italiens das zügel- und hemmungslose Leben dieser jungen Leute, von denen einige aus Adelsfamilien stammten (und andere tagsüber ehrbaren und einträglichen Berufen nachgingen: als Handwerker, Händler, Beamte, Künstler, fast nie handelte es sich um Gesindel), in höchstem Maße mit dem strengen Regiment Papst Klemens' VIII.

Klemens VIII. war ein unbeugsamer Papst. Ein Pontifex, welcher der europäischen Zeitgeschichte seinen unauslöschlichen Stempel aufdrückte. Bevor er den Heiligen Stuhl bestieg, genoss der Florentiner Ippolito Aldobrandini unter Intellektuellen den unbestimmten Ruf eines Humanisten, und viele von ihnen – Giordano Bruno eingeschlossen – träumten davon, die intolerante Politik des Kirchenstaates, die sämtliche Päpste seit dem Tridentinischen Konzil verfolgt hatten, die kriegstreiberische Politik der gnadenlosen Verfolgung jedweden reformatorischen Ketzertums vor allem – an der Seite des katholischen Königs von Spanien – gegen die französischen Hugenotten, könnte eine weniger radikale und unerbittliche Richtung einschlagen. In Wirklichkeit verwandelte sich der Traum von einem Papst, der sich, von rein väterlicher Spiritualität geleitet, allein um das moralische und religiöse Wohlergehen seiner treuen Katholiken sorgt, für manchen Intellektuellen schnell in eine Falle, in die er mit aller Naivität tappte. So kamen die Philosophen Francesco Patrizi und Francesco Pucci beispielsweise einzig um des Papstes willen nach Rom und endeten beide in den Kerkern der Inquisition. Im Gefängnis landete auch Tommaso Campanella, zusammen mit andern Philosophen und Humanisten, und das Schicksal Giordano Brunos ist bekannt. Klemens VIII. vergiftete das Klima der Gegenreformation mit einer ordentlichen Prise Heuchelei, indem er sich den neuen Ideen und der neuen Wissenschaft gegenüber zu öffnen schien, die nach und nach das kulturelle Klima jener Zeit durchzogen. In der Praxis hingegen erwies er sich als noch intoleranter als seine Vorgänger, und seine Repressionen verschonten weder die Wissenschaft noch die Philosophie oder die Kunst und wirkten sich sogar auf den Alltag seiner Untertanen aus. Seine Sbirren verfolgten nicht nur mit allen Mitteln die Störer der römischen Ruhe, sondern auch die Prostituierten, die er in eine Art Seuchenviertel sperren ließ, das so genannte »Ortaccio«, das wie ein Straflager funktionierte.

Vor diesem Hintergrund muss man Caravaggios Werke betrachten, will man seinen rebellischen Geist verstehen.

In den Jahren vor seiner Flucht nach Rom genoss der Künstler auch international bereits den Ruf eines großen Malers von außergewöhnlichem, unvergleichlichem Können. Michelangelo Merisi erneuerte den Mythos vom Künstler, der sein Handwerk bis ins Detail beherrscht, der seinen Bildern eine fast greifbare Körperlichkeit verleiht, gleich dem berühmten griechischen Maler mit der sagenhaften Fliege auf dem Früchtekorb, bei dessen Betrachtung man versucht ist, das Tier mit der Hand zu verjagen, gleich dem großen Florentiner mit seinem perfekten Kreis, gleich auch dem anderen Florentiner Maler, der kaum zweihundert Jahre zuvor nach Rom gekommen war und in der römischen Gesellschaft zwar nur wenige Werke – größtenteils zerstört –, aber doch seinen Ruhm und vielleicht den Ruf eines Ketzers hinterlassen hatte, woher manchen Stimmen zufolge das Pejorativum seines Namens, Masaccio, rührte.

Der Ruhm war so groß, dass es unmöglich schien, Caravaggio von der Glorie der Altäre fern zu halten, trotz der Gerüchte um seine kriminellen Neigungen, trotz der Verleumdungen durch Konkurrenten, die ihm mangelnde Wertschätzung der Zeichnung vorwarfen, welche dem Diktum der Akademie zufolge die Mutter der Malerei war. Manche Kollegen, älter und angesehener als er und auch reicher bedacht mit Aufträgen und öffentlicher Gunst (die Brüder Cesari, darunter der berühmte Cavalier d'Arpino), nannten ihn in aller Öffentlichkeit einen »verderbten« Menschen.

Und dennoch wurden manche seiner Bilder als modellhaft angesehen, sozusagen als Fundament einer neuen Schule, die nach Meinung der erlesensten Kunstkenner in der Lage wären, den veralteten Stil der »maniera« zu überwinden. ›Der Früchtekorb‹ (heute in der Mailänder Pinacoteca Ambrosiana) und ›Die Wahrsagerin‹ (Paris, Louvre) waren schon ebenso berühmt wie ihr Schöpfer. ›Die Wahrsagerin‹ hatte sogar den Dichter Gaspare Murtola zu einem Madrigal inspiriert:

»Wer wohl der größere Zauberer ist?
Die Frau und ihr Schwindel
oder du mit dem Pinsel?«

Zauberkraft der Zigeunerin, die mit dem Finger über die Hand des leichtgläubigen Edelmanns fährt, oder Zauberkraft des Künstlers? Aus den Worten des Dichters spricht aufrichtige Bewunderung, ganz sicher bergen sie keine Anspielung oder Unterstellung, obgleich die Bezeichnung »Zauberer« in jener Zeit nicht gerade Glück verhieß.

Michelangelo wusste genau, dass der Ruhm, den er bei Kunstliebhabern und -sammlern mit Werken errungen hatte, die man heute als Genremalerei bezeichnen würde – Porträts, Stillleben, Alltagsszenen wie die genannte ›Wahrsagerin‹ – nicht ausreichte, um auch seinem beruflichen Schicksal Auftrieb zu geben, nicht zuletzt in ökonomischer Hinsicht. Der wahre Wert eines Malers, insbesondere in Rom, erwies sich erst im Umgang mit dem Sakralen. Die wichtigsten Galerien, die Orte, an denen ein Künstler es zu echter Wertschätzung sowohl bei der breiten Öffentlichkeit als auch bei den Mächtigen bringen konnte, waren damals die Kirchen. Und die einträglichsten Aufträge kamen von Kardinälen, Bischöfen, Äbten und Äbtissinnen, welche die Klöster verwalteten, bis hinauf zu dem begehrtesten Auftrag überhaupt, mit dem der Erfolg quasi per Dekret gesichert war: dem des Papstes. Die Karriere eines Malers konsolidierte sich mit jedem einzelnen Werk, das mit großem Pomp in den Kapellen der Adelsfamilien platziert wurde. Stufe um Stufe musste man sich zu den Altären hinaufarbeiten, um Auszeichnungen, Pfründe, Titel, Wappen und finanzielle Sicherheit zu erlangen. Erst Kirchengemälde kürten den Malerfürsten und schützten ihn vor bösartigen Kritiken, vor gefährlichen Gerüchten, die häufig Angriffe auf Künstler darstellten, welche sich durch ihren liederlichen Lebenswandel, durch Ausschweifungen und exzessive Bordell- und Tavernenbesuche von vornherein verdächtig machten – sowie durch ihren Spott, den sie nicht selten mit Blasphemie gepaart über die heiligen Dogmen der Religion ergossen.

Dies ist wohl der Hintergedanke, der den Meister zur sakralen Kunst führt, obwohl sein Name schon seit seinen ersten römischen Jahren eng mit heidnischen Motiven in Verbindung gebracht wird, Motiven ohne Metaphysik, die ganz der antiken Tradition von Gemälden und Mosaiken des alten Roms verpflichtet scheinen, von denen Caravaggio ein paar herausragende Werke bewundert haben muss in einer Stadt, wo die Begeisterung für Archäologie in der Nachfolge Raffaels stetig wuchs.

So erblickt ›Die büßende Maria Magdalena‹ das Licht der Welt (Rom, Galleria Doria Pamphili), das erste Werk des Meisters mit religiöser Thematik und wahrscheinlich eine Auftragsarbeit für den Hof des Kardinals del Monte, der zum Förderer und größten Bewunderer des Meisters geworden ist. Hat der Auftraggeber etwa das Sujet gewählt, die geschwätzige Jüngerin Jesu Christi? Oder stammt es nicht eher vom Maler selbst, für den sie den Inbegriff seiner Poetik und seiner Kenntnis vom Leben darstellt? Mit großer Wahrscheinlichkeit hat er die ehemalige Prostituierte ausgesucht, wenngleich in einem Moment der Reue über das liederliche Leben ihrer Vergangenheit. Eines ist gewiss: auch in seiner Hinwendung zum Kult gibt Michelangelo das Profane nicht auf. Er bleibt seiner Suche nach Natürlichkeit treu. Das Bild wirkt alles andere als heilig, keine mystische Versenkung, der Blick nicht leidenschaftlich gen Himmel gerichtet, sondern im Gegenteil auf die im Schoß liegenden Hände gesenkt, eine Alltagsgeste, die extreme Müdigkeit auszudrücken scheint. Aus dem üppig fallenden, aber einfachen Kleid der billigen Prostituierten schaut ein sinnliches Dekolletee hervor, Hals und Gesicht tragen eher gewöhnliche Züge, umrahmt von langen, rötlichen Haaren. Nichts ist weiter entfernt von der so genannten »Ekstase der Heiligen«, welche so bestimmend sein sollte für die auf Caravaggio folgende Epoche, wenn nicht ihr geradezu diametral entgegengesetzt, als die Leitidee des Meisters, das Sakrale auf die Erde zu holen und zu vermenschlichen. Die Gestalt der Magdalena ist nicht im Geringsten liebreizend, grobschlächtig und schwer sitzt sie da, umgeben von Schatten. Die Reue drückt der Maler dadurch aus, dass die Ex-Prostituierte die Lebensfreude abgelegt hat, mit der sie sich einst schmückte. Eine Perlenkette liegt zerrissen neben ihr, doch auch sie scheint dem Meister eher als Vorwand zu dienen, seine gesamten Fähigkeiten in einem einzigen Bild unter Beweis zu stellen.

Interessant ist auch das Fehlen des Heiligenscheins. Maria Magdalena ist eine Prostituierte (wer weiß, ob tatsächlich nicht mehr tätig, angesichts ihres aufreizenden Kleides), die weniger reuevoll als vielmehr gelangweilt und angewidert von ihrem demütigenden Metier ist, wie man an der einsamen dantesken Träne erkennt, die ihr über die Nase läuft und sie vielleicht vor den Klauen des Teufels bewahren wird. Wahrscheinlich hat dem Meister eine echte Hure Modell gesessen, eine gewisse Annuccia, und nichts weist darauf hin, dass sie dem Metier der Metze tatsächlich den Rücken gekehrt hat und ihre Gewissensbisse nicht bloß ein Fantasieprodukt des Künstlers sind.

Wir sind also weit entfernt von der traditionellen Heiligendarstellung. Wer würde schon vor dieser Frau mit üblem Lebenswandel niederknien wollen, angesichts ihrer vollen Natürlichkeit?

Dennoch liegt in der Intention des Künstlers eine gewisse Religiosität. In ganz eigener Art und Weise interpretiert er die Heilige Schrift, erforscht mit dem Blick des Psychologen das Innerste der biblischen Figur und gibt ihr ihre ganze schmerzliche Menschlichkeit zurück.

Es liegt auf der Hand, dass ein solches Gemälde niemals über die Schwelle einer Kirche getragen wurde, wie es wohl auch kaum für den Kult bestimmt war. Und doch erlangte es große Berühmtheit und ließ Caravaggio in der Achtung der Kunstfreunde weiter steigen.

Der Maler ist mittlerweile erfolgreich, als Schützling des Kardinals Francesco Maria Bourbon del Monte, eines einzigartigen Humanisten, der die gute Küche, die Musik und die Frauen liebt und im Verdacht steht, mit Gerätschaften der Alchemie für die Suche nach dem Stein der Weisen zu handeln. Und es ist ganz bestimmt kein Zufall, dass Caravaggio sich dem Kreis um diesen außergewöhnlichen Kirchenmagnaten anschließt, der mit seinen politischen Überzeugungen und seinem Lebenswandel, mit einem an Frechheit grenzenden Mut das gegenreformatorische Klima des Roms seiner Zeit herausfordert. Der Prälat verfügt über ausreichend Macht, seinen Lieblingsmaler bei mehreren aufeinander folgenden Gelegenheiten vor dem Gefängnis zu bewahren, als dieser sich bei Ordnungswidrigkeiten erwischen lässt (so wurde er in dem Haus einer Kurtisane entdeckt mit einem Degen an seiner Seite, obwohl es ihm als Nicht-Adligen nicht gestattet war, einen Degen zu tragen).

Wollen wir also einen genaueren Blick auf die Ursachen werfen, die Michelangelo Merisi ins Exil getrieben haben, wie man es zur Spannungssteigerung in einem Thriller tun würde.

Zunächst einmal sind es zwei Namen, die mit der bösen Geschichte in Zusammenhang gebracht werden können: Ranuccio Tomassoni und Fillide Melandroni. Ranuccio ist jüngster Spross einer Soldatenfamilie, die der katholischen Sache und der Herzogsfamilie der Farnese in Parma treu ergeben ist. Die anderen Familienmitglieder, Vater Lucantonio (gestorben 1592) und die Brüder Alessandro und Giovanni Francesco, haben in Flandern gekämpft und sich als Offiziere ehrenvoll hervorgetan. Ranuccio nicht, er gibt sich zwar als Krieger, war aber nie in der Schlacht. Die Familie ist mächtig, und sie hat zahlreiche hoch gestellte Freunde und Gönner unter den dem Papst am nächsten stehenden Adelsfamilien. Die Tomassoni gehören von jeher der spanischen Faktion an.

Als Miles gloriosus ist Ranuccio unermüdlicher Gast der Tavernen, Bordelle und Kurtisanenhäuser Roms. Und dies ohne irgendwelche Nachteile fürchten zu müssen dank der Protektion, die seine Familie genießt, und der Acht zum Hohn, die Klemens VIII. mit Blick auf das nahende Heilige Jahr über Huren, Kurtisanen und ihre ständigen Freier verhängt hat.

Fillide Melandroni ist aus Siena gebürtig. Sie ist keine strahlende Schönheit, doch ihr Blick und ihre Haltung haben ein gewisses Etwas, das an Duccio di Buoninsegnas ›Maestà‹ erinnert. Schritt für Schritt, unter nicht geringen Mühen und Demütigungen, hat sie sich zum Rang einer Kurtisane heraufgearbeitet, und der unterscheidet sich gehörig von dem der Prostituierten der Bordelle und der Straße. Mit ihrem arkadischen Namen verspricht Fillide – wie die anderen hoch gestellten Kurtisanen Roms –, an die Tradition der antiken griechischen Hetären anzuknüpfen, die Gottheiten gleich in ihren Häusern die Intelligenzija der Polis versammelten und im Ruf standen, Intellektuelle zu sein. In Fillides Haus werden mehr oder minder ausschweifende Feste gefeiert, wird aber ebenso über

Politik diskutiert, über Wissenschaft und Kunst. Kurz gesagt, sie unterhält einen Salon, unsere Fillide, und wenn hin und wieder die päpstlichen Sbirren ins Haus einfallen, entledigt sie sich ihrer stets schnell und ohne Ehrverlust mithilfe der höchsten Stellen, deren Protektion sie genießt. Und wie jede Prostituierte die Notwendigkeit sieht, gerade wegen der Promiskuität ihrer sexuellen Beziehungen ein Verhältnis zu einer einflussreichen Persönlichkeit zu unterhalten, das ihr Sicherheit verschafft, so hat auch unsere Fillide für eine begrenzte Zeit – da die »festen Freunde« von Kurtisanen in regelmäßigen Abständen abgelöst werden, vor allem wenn sie sich als Hausherr aufzuspielen beginnen – einen privilegierten Geliebten, einen »Buhler«. Ist Fillides »Buhler« vielleicht für eine gewisse Zeit Ranuccio Tomassoni? Die Vermutung liegt nahe, zumindest kann man davon ausgehen, dass der Benjamin der Familie es auf eine solche Position abgesehen hatte.

Fillide ist so hoch oben angelangt, sowohl im persönlichen Ansehen als auch was das Materielle betrifft, dass sie sich ein Porträt leisten kann.

In der italienischen Malerei des 16. und 17. Jahrhunderts entstehen viele Porträts von Prostituierten, oft deswegen, weil die Prostituierte das billigste Modell ist, das man auf der Straße findet. Ihr Gesicht und manchmal auch der ganze Körper dienen dem Maler als Vorbild für Motive aus der Mythologie: für manch eine »Danaë« oder »Flora« oder »Venus« oder »Diana« der großen florentinischen, venezianischen und mehr noch der gesamteuropäischen Renaissancemalerei hat eine Kurtisane Modell gesessen, und oftmals eine hoch gestellte wie Fillide. Mit diesem Porträt verhält es sich allerdings anders.

Hierbei handelte es sich um die Darstellung der Person Fillide Melandroni, ohne mythologisches Beiwerk, nicht anders als bei einem adligen Herrn oder einem hohen Prälaten, der ehrsüchtig genug ist, die eigenen Gesichtszüge den Nachkommen überliefert wissen zu wollen. Und wer findet sich dazu bereit, sie so zu malen, wie sie ist, ohne mythische Maskierung, ohne Blendwerk aus Pfeil und Köcher, ohne Kaninchen am Meeresufer und einen Amor als Umrahmung? Natürlich Michelangelo Merisi, der sie mit allen Attributen der Kurtisane malte (›Bildnis der Kurtisane Fillide Melandroni‹): dem einladenden und zugleich zweideutigen Blick, der spitz zulaufenden Hochfrisur, dem reichen, aber doch alltäglichen Gewand, und in der rechten Hand einem Zweig der Bergamotte, des Baumes mit den duftenden Früchten, aus denen ein damals von Kurtisanen gern benutztes Parfüm gewonnen wurde (und die in der Parfümherstellung bis heute genutzt werden).

Die Kurtisane sieht uns ohne zu lächeln an, der leichte Silberblick verleiht ihr Ernsthaftigkeit. Sie gibt uns zu verstehen, dass sie eine Karrierefrau ist, klug und willensstark, und dass sie wesentlich mehr Ansehen und Einfluss hat als manch ein Püppchen des römischen Adels. Vor allem aber ist sie eine freie Frau, unterliegt keiner Patronage, wie allein die Tatsache des Porträts beweist.

Dem offensichtlich politisch motivierten Feuertod Giordano Brunos war in Rom eine andere Hinrichtung vorausgegangen, deren Beweggründe zwar ähnlich, im Kern aber weniger eindeutig und ideologisch waren als diejenigen, welche die Reisigbündel unter den Füßen des Philosophen aus Nola entfachten.

Der Rechtsstreit um den Fall Cenci, den man anhand der Prozessmitschriften nachverfolgen kann (vor allem auch anhand des Nachhalls, den die wackere Rede des Strafverteidigers Prospero Farinacci fand) und der schon zu Lebzeiten Thema zahlreicher Veröffentlichungen war, in denen sich der Unmut des Volkes über den unglückseligen Ausgang spiegelte, wurde ein beliebtes Sujet für nachfolgende Autorengenerationen. Percey Shelley und Stendhal, Alexandre Dumas und Antonin Artaud bis hin zu Alberto Moravia stellten insbesondere das Schicksal der des Vatermordes bezichtigten Cenci-Tochter Beatrice in den Mittelpunkt manch eines Dramas und mehr oder weniger romanhaft ausgeschmückter Berichte, da sie trotz aller, selbst unter Folter aufrechterhaltener Unschuldsbeteuerungen schließlich doch geköpft wurde.

Manche Historiker glauben, der Prozess gegen die Kinder und die Ehefrau des Francesco Cenci, eines steinreichen, aber gewissenlosen römischen Adligen, sei ein politischer Prozess gewesen, bei dem Klemens VIII. auf den Hinrichtungen bestanden habe.

Ist es möglich, dass Michelangelo Merisi an jenem 11. September 1599, als die »tapfere«, »unerschütterliche«, »mannhafte« Beatrice Cenci spontan zum Schafott trat und ihren Kopf auf den Richtblock legte, nicht unter der riesigen Menschenmenge war, die der Hinrichtung beiwohnte? Kann man glauben, dass der Meister sich nicht die schon damals landläufige Meinung zu Eigen gemacht hatte, der Papst selbst habe das Henkersbeil auf den Hals der schönen und würdevollen jungen Frau gelegt, wie auch auf den der anderen Familienmitglieder des liederlichen und schändlichen Francesco Cenci, nicht nur um die Unbeugsamkeit der römisch-katholischen Justiz zu demonstrieren, sondern auch um sich durch die Konfiszierung der beachtlichen Erbmasse zu bereichern?

Andererseits hätte der Maler, wenn er Beatrice tatsächlich für unschuldig hielt und damit in sich das Gefühl der Auflehnung nährte gegen einen Papst, der mit absolutistischer Strenge eines Tyrannen regierte, nur eine latent vorhandene Stimmung aufgegriffen, die sich durch alle Schichten der römischen Untertanen zog, einige Adlige inbegriffen.

Nach einer Phase der Rückkehr zu weltlichen Stoffen widmet sich der Meister erneut dem Thema des Sakralen, wiederum für die Sammlung des Kardinals del Monte. Dieses Mal wählt er eine Märtyrerin von zwanzig Jahren, also im gleichen Alter wie Beatrice Cenci am Tag ihrer Hinrichtung: ›Die heilige Katharina von Alexandria‹ (Madrid, Museo Thyssen-Bornemisza).

Dieses Mal sieht man einen schmalen Heiligenschein auf dem Bild. Und das, obwohl sich Katharina genau wie Beatrice aufgelehnt hatte: die Heilige gegen ihren Souverän, die Cenci gegen ihren Vater. Und wie die Cenci selbst der schrecklichen Wach-Folter widerstanden hatte (die darin bestand, den mutmaßlichen Täter eine grausam lange Zeit am Schlafen zu hindern), hatte Katharina mit ähnlich stoischer Haltung die Folter des Räderns ertragen. So wird die Heilige folgerichtig neben einem Rad abgebildet. Wie Magdalena wendet auch sie die Augen nicht zum Himmel. Auch hier keine Ekstase der Heiligen, sondern ein fester Blick, der, könnte man meinen, fast herausfordernd oder anklagend auf dem Betrachter liegt.

Doch wahrhaft skandalös ist etwas anderes: als Modell für die heilige Märtyrerin wählt Caravaggio Fillide Melandroni, die Kurtisane, die in halb Rom bekannt ist. Mit weit höherem Ansehen zwar als eine gewöhnliche Prostituierte wie Annuccia-Magdalena, aber dennoch eine Kurtisane, die ihre Schönheit zu Markte trägt, die in Schande lebt, die eine öffentliche Sünderin ist. Vielleicht war das Gemälde für eine Kirche bestimmt, die der heiligen Katharina geweiht ist. Wiederum verbindet der Maler das Sakrale mit dem Menschlichen: zu menschlich, zu alltäglich und naturalistisch, um Eingang in eine Kirche zu finden.

In den Jahren nach dem Tridentinischen Konzil hatte Kardinal Gabriele Paleotti, Bischof von Bologna, einen Diskurs über die heiligen und die profanen Bilder verfasst, in dem er die Künstler ermahnte, das Sakrale nicht mit dem Profanen zu vermischen und beim Malen der für den Kult bestimmten Bilder von jeglichen Neuerungen abzusehen.

Caravaggios ›heilige Katharina‹ ist zuallererst eine Frau, die keine Autorität hat brechen können, ihr Stolz erinnert an den unzähmbaren Mut der Vatermörderin Beatrice Cenci und trägt unverkennbar die Gesichtszüge einer Kurtisane. Fillide hat sich als Heilige verkleidet, ohne etwas von ihrem hochmütigen Stolz abzulegen. Genau gesehen stellt das Gemälde eine Profanierung dar. Das heilige Subjekt wird dazu benutzt, an die grausame Begebenheit zu erinnern, die unterschwellig immer noch in manch böser Geschichte über den tyrannischen Papst kursiert. Keine Kirche, weder Kapelle noch Altar, wird jemals ein solches Gemälde beherbergen können.

In der Bibel ist eine der Frauen, die die Macht des Tyrannen herausfordern, Judith. Ihre Geschichte ist eng mit dem Schrecken des vom Schwert abgeschlagenen Kopfes in ihrer Hand verbunden, mit dem Blut, das aus der riesigen Wunde spritzt.

Und so heißt ein weiteres Bild des Meisters mit sakralem Sujet: ›Judith und Holofernes‹ (Rom, Galleria Nazionale dell'Arte Antica).

Judith ist jung und attraktiv, ihre unabwendbare Bestimmung verbirgt sich in dem leisen Stirnrunzeln, das ihrer Schönheit keinen Abbruch tut, und in dem geradezu männlich muskulösen Arm, der das Haupt des Geköpften gepackt hält.

Welchem Tyrannen schlägt Caravaggios Judith da den Kopf ab? Man kann sich vorstellen, dass dies kein sakrales, sondern ein symbolisches Gemälde ist, des Meisters in ein künstlerisches Gewand gehüllte Rache an jenem Despoten, der Lucrezia Petroni (Francesco Cencis Frau) sowie Giacomo und Beatrice Cenci hat köpfen lassen, der dafür gesorgt hat, dass der Philosoph Giordano Bruno und vor ihm der Ordensbruder Celestino da Verona, außerdem Cipriano da Vicenza und Don Francesco Morino da Minerbino, bei lebendigem Leib verbrannt wurden, dass Tommaso Campanella, Francesco Patrizi und Francesco Pucci eingekerkert wurden, dass die Prostituierten ins Ortaccio-Viertel gesperrt, Zigeuner und Vagabunden aus der Ewigen Stadt verjagt und die Ärmsten der Armen in einem Gefängnis-Hospiz weggeschlossen wurden.

Man braucht kaum noch zu erwähnen, dass auch dieses Gemälde wie schon ›Die heilige Katharina von Alexandria‹ auf Betreiben eines privaten Sammlers entstanden ist und niemals irgendeine Kapelle von innen gesehen hat.

Vielleicht kann man aus Michelangelos Wunsch, sich um jeden Preis zu beweisen und die Salbungen der Kirche zu erlangen, ein gewisses Maß an Naivität herauslesen. Sicher verleitet ihn dazu auch der Stolz des großen Künstlers, ähnlich dem eines Vincent van Gogh, der seinem Bruder Theo im Brustton der Überzeugung kundtat, selbst der größte Maler der Epoche zu sein.

Noch einmal versucht Merisi sich am Sakralen: mit ›Martha tadelt Magdalena‹ (Detroit, The Detroit Institute of Art). Hier scheint der Maler weniger auf eine religiöse und mystische Inspiration abheben zu wollen als auf seine künstlerischen Versuche über das Licht. Der Blick des Betrachters wird von dem konvexen Spiegel gefesselt, auf den Magdalena ihre Hand legt, als wolle sie ihn vorführen. Ein kleines, helles Quadrat auf dem Spiegel offenbart die Lichtquelle. Das Licht, das von oben kommt (das Loch in der Decke von Madame Prudenzia?), wird Farbe, erschafft die massige Gestalt der Magdalena, lässt Marthas Gesicht im Schatten und betont den Faltenwurf der Kleider der beiden Frauen. Alles ist wunderbar neu, niemand hat bisher gewagt, den Lichteinfall auf diese Art abzubilden. Es handelt sich um ebenjene künstlerische Neuerung, vor der Kardinal Paleotti mit seiner Mahnung die sakrale Malerei bewahren wollte.

Dennoch ist sein Ruhm so groß, dass Michele schließlich auch die öffentlichen Weihen erfährt. Zum Heiligen Jahr wird er beauftragt, bei der Ausstattung der Contarelli-Kapelle in San Luigi dei Francesi dem Virgilio Crescenzi nachzufolgen. Er malt die Geschichten des heiligen Matthäus: die ›Berufung‹ und das ›Martyrium‹.

Die Gemälde des Meisters, die er fast ohne zeichnerischen Entwurf und in Rekordzeit ausführt, trotzen mit ihren Versuchen über die Natürlichkeit der akademischen Lehrmeinung und scheinen die Vorarbeiten für kommende öffentliche Aufträge zu sein, die ebenso lukrativ wie ehrenvoll ausfallen würden.

Doch genau an diesem Punkt setzt auch die kriminelle Laufbahn des Malers ein. Es gibt glühende Kritik von Neidern. Es gibt Vorwürfe, Caravaggio würde lediglich Giorgione imitieren, andere behaupten, seine Werke wiesen Mängel im Entwurf auf. Doch vor allem wird sein Privatleben unter Beschuss genommen, die Art seiner Lebensführung. Man spricht von ihm als einem Herumtreiber, der sein Äußeres verkommen lässt und in übelsten Kreisen verkehrt. Einer seiner schärfsten Gegner, Tomasso Mao Salini, bringt schwer wiegende Anschuldigungen einer möglichen Homosexualität vor. So kommt es, dass Merisi gerade auf dem Höhepunkt seiner Karriere, seine ehrgeizigsten Ziele schon fest im Blick, als jähzorniger und liederlicher Streithammel in das unbarmherzige Visier der staatlichen Justiz gerät.

Er hat sich nicht geändert, ist hochmütig wie eh und je, sein Stolz erlaubt keiner Fliege, sich auf seiner Nasenspitze niederzulassen. Hinzu kommt, dass er ein Doppelleben führt: tagsüber geht er seinen Studien und Aufträgen nach, nachts zieht er durch die Tavernen und Bordelle, kommt es zu Übergriffen, Schlägereien und Blutvergießen. Zu dieser Zeit mehren sich jedoch die Zwischenfälle, in denen er die Fäuste oder den Degen gebraucht. Kann es sein, dass ihn jemand mit allen Mittel zu provozieren versucht, jemand, der von mächtigen Leuten bezahlt wird, um seinen Jähzorn anzufachen und seinen Ruf zu ruinieren, gerade als er berühmt, sehr berühmt, und auch außerhalb Italiens in aller Munde ist?

Schon im November 1600 kommt es zur ersten Anzeige. Eine weitere folgt im Oktober 1601. Der Widersacher ist wiederum Tomasso Mao Salini, ebenfalls Maler oder wie Caravaggio sagt »ein Schmierfink«, den der Meister bezichtigt, seinen Malstil zu kopieren.

Caravaggio steht nicht nur unter dem Schutz des Kardinals del Monte, sondern kommt auch in den Genuss eines Sponsorings, wie man heute sagen würde, durch den Adligen Vincenzo Giustiniani, der einerseits Sammler, vor allem aber Kunsthändler ist. Dank des neuen Mäzens erhält er den Auftrag für zwei Gemälde: ›Die Bekehrung Pauli‹ und ›Die Kreuzigung Petri‹ für die Kirche Santa Maria del Popolo (genauer gesagt für die Kapelle eines hohen Prälaten, des Monsignore Tiberio Cerasi).

Doch am stürmischen Horizont des Künstlers zieht schon wieder ein neuer Anlass für Streit und Zurückweisung auf. Die Gemälde für die Contarelli-Kapelle in San Luigi dei Francesi sind Seitenbilder. Michelangelo obliegt nunmehr die Aufgabe, das Werk mit dem Bild des heiligen Matthäus zu vervollständigen, das auf dem Altar stehen soll. Merisi stürzt sich noch eifriger als sonst in die Arbeit. Er stellt das Altarbild in drei Monaten fertig.
Doch dem Gemälde ›Der heilige Matthäus mit dem Engel‹ (ehemals Berlin, nach seiner Zerstörung im Zweiten Weltkrieg nur noch als Kopie vorhanden) ist kein Glück beschieden, und nicht erst seit der jüngsten Zerstörung.
So wird das Bild als zu naturalistisch und zu roh empfunden. Der heilige Evangelist, mit den nackten Füßen eines Bauern, sei nicht gerade eine Zierde. Und lehnt sich der junge Engel an seiner Seite nicht ein bisschen zu zärtlich an ihn, ist er nicht ein wenig zu lieblich, fast schon sinnlich, zudem nur mit einem durchsichtigen Tuch bedeckt, während er die Hand des heiligen Illiteraten, der vielleicht nicht einmal lesen kann, über das im Entstehen begriffene Evangelium führt, als wolle er ihn das Schreiben lehren?
Das Altarbild wird abgelehnt. Und dies soll nicht die einzige Ablehnung bleiben, die der Meister erfährt, viele andere Gemälde mit sakralen Motiven, die für Kirchen bestimmt sind, werden erbarmungslos zurückgewiesen, mit Gründen, in denen sich das ideologische Klima der Gegenreformation spiegelt und die manchmal auch den Verdacht auf Ketzerei anklingen lassen.
Gelegentlich bleibt ein Gemälde für einige Tage in der Kirche, um dann eilig fortgenommen zu werden, als handele es sich nicht um christliche Motive, sondern um obszöne und verwerfliche Bilder, die in der damaligen Epoche mit all ihren sinnlichen und paganen Ausprägungen aus den Trümmern neu zu erstehen begannen.

Bis ›Der Tod der Jungfrau Maria‹ das Licht der Welt erblickt (Paris, Louvre). Und mit ihm ein neuer Skandal.
Das Gemälde ist außergewöhnlich. Eines jener Meisterwerke, die einen Eindruck davon vermitteln, was die Malerei zu einer universalen und zeitlosen

Sprache macht. Das Licht fällt von oben ein, bahnt sich seinen Weg durch das Dunkel. Es streift einige Details der um eine Liege Versammelten – eine Stirn, eine Hand, ein kahles Haupt, eine Geste des Schmerzes –, um dann erbarmungslos auf die Leiche einer Frau zu treffen, an der das flammende Rot ihres Gewandes ins Auge springt. Auch Gesicht und Hände sind beleuchtet, doch ihre nackten Füße, bläulich und von der einsetzenden Leichenstarre versteinert, ragen schon in die umgebenden Schatten hinein. Bald wird diese todbringende schwarze Finsternis auch alles andere verschlingen, uns ganz dem geschwollenen Frauengesicht ausliefern, jener ins Leere hängenden Hand, der Entkräftung, dem Sinnesverlust.

Doch von wem hat der Meister sich inspirieren lassen bei seiner geheimnisumwitterten Suche nach dem Sinn des Todes?

Zwischen Juni und September 1604 starben in Rom zwei Frauen. Die Erste wird auf dem Kiesbett des Tibers gefunden, ertrunken, vielleicht Selbstmord. Über sie wissen wir nicht mehr, als dass sie mit einem roten Gewand bekleidet war. Die Zweite kennen wir: es ist Annuccia, das Modell der ›Büßenden Maria Magdalena‹. Anna Bianchina erwartete ein Kind, sie starb durch eine Schwangerschaftskomplikation. Auch sie hatte einen weit reichenden Ruf im damaligen Rom, wenn auch einen ungleich schlechteren als die Melandroni. Anna war eine Dirne, eine ordinäre Prostituierte, und noch dazu eine Kupplerin. Schlimmer noch, jemand nannte sie eine »bugiarona«, eine Bezeichnung, die nichts mit der »bugia«, der Lüge, zu tun hat. Die Metze von der Straße war nicht etwa wegen ihrer Neigung zur Falschaussage bekannt. Sie war eine »bugiarona«, weil die Rede ging, sie sei auch widernatürlichen Sexualpraktiken nicht abgeneigt.

Viele glauben in Caravaggios Maria spontan Annas Züge wiederzuerkennen, die ja schon einmal für den Maler Modell gesessen und ihr Antlitz der heiligen Magdalena geliehen hatte. Andere bringen das Rot des Gewandes mit dem ebenso »purpurroten« Kleid der Ertrunkenen in Verbindung.

Im Bild des Merisi fehlt nicht nur jeder Hinweis auf die Jungfräulichkeit der Madonna (im Gegenteil, der gerundete Bauch lässt an eine beginnende, neue Schwangerschaft denken, neu in Bezug auf jene, die den Erlöser hervorgebracht hatte), tauchen nicht nur weit und breit keine Engel auf, die den leblosen Körper beseelen und ins Paradies tragen könnten (es gibt weder Wolken noch Himmel, die Mutter Gottes liegt in einem dunklen, ärmlichen Zimmer, wenngleich mit einem üppigen roten Vorhang), nein, wer auch immer sie gekannt hat, auch im biblischen Sinne – und das sind viele –, erkennt in der Toten die Züge der »Anna Bugiarona« wieder.

Es scheint offensichtlich, dass der Künstler nicht nur nicht vor der Schändlichkeit zurückschreckt, den Körper einer schwangeren Hure als Vorbild für die

Heilige Jungfrau zu nehmen, sondern auch wenig vom Dogma der Unbefleckten Empfängnis hält.

Das Bild wird unverzüglich aus der Kirche, für die es bestimmt war, entfernt. Michelangelo steht unter dem Verdacht der Ketzerei.

Es hat schon zwei Festnahmen mit zwei, wenn auch recht kurzen, Gefängnisaufenthalten gegeben, als die Bluttat geschieht.

Was ist der Anlass für das Duell? Der alte Groll, dass Ranuccio einmal Fillides »Buhler« war? Oder die Tatsache, dass die Tomassoni zu der spanienfreundlichen Faktion gehören, während Caravaggio es mit den Franzosen hält?

Jedenfalls herrschte zwischen den beiden erbitterte Feindschaft. Caravaggio schickte seinen Freund Onorio Longhi zu Tomassoni, um ihn zu fordern. Man einigte sich auf den Ort des Duells: den Ballplatz nahe des großherzoglichen Palastes, als Waffen wählte man den Degen. Als sich ebenfalls duellierende Sekundanten stellten sich für Caravaggio Petronio Troppa und für Tomassoni Ranuccios Bruder Giovanni Francesco zur Verfügung. Die Begegnung verlief nach allen Ritterregeln der Zeit (ungeschriebenen Regeln, versteht sich, da Duelle im Rom Klemens' VIII. strengstens untersagt waren). Auf jeder Seite standen gleichberechtigt zwei Duellanten. Möglicherweise durchbohrte Ranuccio sich, als er strauchelte, und ein Straucheln ist durch die Zeugen belegt, selbst mit Michelangelos Degen. In jedem Fall hatte er die Herausforderung angenommen: es ist also nicht angemessen, von einem Mord zu sprechen.

Auf der Erde lagen schließlich der tote Ranuccio und der verletzte Hauptmann Petronio. Letzterer wurde festgenommen, während alle anderen flohen. Michelangelo war ebenfalls verletzt, am Kopf, konnte sich in ein Landhaus der Colonna zurückziehen, aus dem er nach einiger Zeit floh, nachdem man das Todesurteil über ihn verhängt hatte. Ein übertrieben strenges Urteil. Juristisch würde man heute sagen, die Strafe stand in keinem Verhältnis zur Tat. Ganz zu schweigen davon, dass der Prozess sowohl bei den Behörden als auch vor Gericht in aller Eile und ohne die Anwesenheit des flüchtigen Angeklagten geführt wurde.

Damit beginnt das Exil des Malers. Von Rom flieht er nach Neapel. Er kommt nach Messina, nach Palermo, nach Florenz. Dann, im Juni 1609, schifft er sich nach Malta ein. Von Malta kehrt er nach Neapel zurück, wo er bis 1610 bleibt. Schließlich finden wir ihn am Strand von Porto Ercole, wo er dem Tod begegnete, während er auf eine Fähre wartete, die ihn zur Küste vor Rom bringen sollte. In Rom, so hoffte er, würden seine einflussreichen Freunde noch die Begnadigung beim Papst erwirken können.

Auch fernab der erdrückenden Atmosphäre Roms haftet Caravaggio das Odium der Unrast an, der Disziplinlosigkeit und des Unvermögens zur ideologischen Festlegung. Und auch seinen bizarren Widerstandsgeist gibt er nicht auf. Ein sicheres Indiz für seine Neigung, sich ganz grundlos mit den Mächtigen anzulegen, und zwar mit den Mitteln der Ironie und des Spotts, ist folgende Geschichte:

Nach verschiedenen Missgeschicken und Wechselfällen hat der Maler sich die Wertschätzung des Adligen Alof de Wignacourt erobert, Großmeister des Malteser Ritterordens. Wignacourt wünscht ihn als seinen Maler und macht viel Aufhebens darum, ihm die Reise nach Malta im Jahr 1607 zu ermöglichen. Dann bemüht er sich so lange, bis Merisi den päpstlichen Dispens erhält, den er nach den Ordensregeln für die Ernennung zum Ritter braucht, welche demjenigen den Mantel mit dem Kreuz verweigern, der sich des Mordes schuldig gemacht hat. Nachdem er im Besitz des Dispenses ist, wird Caravaggio bei den »Magistral-Rittern« aufgenommen. Die Ernennung zum Malteserritter würde für Merisi die Befreiung aus jeder Notlage bedeuten, die Reinwaschung von allen Vorstrafen, die wegen der Tötung Tomassonis eingeschlossen, und die Rückgewinnung aller Bürgerrechte.

Doch was passiert? In der Nacht des 18. August 1608 lässt sich der Meister im Haus eines Kirchenorganisten in ein Handgemenge verwickeln. Als Hauptverantwortlicher für die Prügelei wird er in die Festung Sant'Angelo gesperrt, aus der er auf abenteuerliche Art entkommt, um in Syrakus Unterschlupf zu finden.

Doch ich glaube nicht, dass die Schlägerei der entscheidende Grund für Alof de Wignacourts Sinneswandel war, der den Maler ungeachtet seiner anfänglich leidenschaftlichen Bewunderung später seinem ungewissen und letztendlich tragischen Schicksal überließ, indem er seine schützende Hand von ihm abzog. Ich vermute den Grund für diese Kehrtwende vielmehr in dem Porträt, das Caravaggio 1607 anfertigte (›Porträt Alof de Wignacourts mit einem Pagen‹, Louvre).

Wer ist dieser schöne Jüngling, hellblond, bartlos, mit femininen Zügen, der seinem in eine eiserne Rüstung eingeschlossenen Herrn den federgeschmückten Helm reicht? Es ist ein Page, einverstanden. Aber warum sieht er den Betrachter so zweideutig und ganz und gar schelmisch an, während Herr von Wignacourt seinen Blick auf ihn gerichtet hält?

Was wirklich am Strand von Porto Ercole geschah, werden wir niemals erfahren. Gewiss ist nur Caravaggios außerordentliche Fähigkeit, sich Feinde zu machen, sei es in der Öffentlichkeit und den Institutionen, sei es im Privatleben.

Trotz der Schüler in seiner Nachfolge und der Wertschätzung der erlesensten Künstler seiner Zeit und der folgenden Epochen, rückte sein Ruhm in eines dieser Schattenreiche, in dem viele Figuren seiner Meisterwerke leben.

Noch im 19. Jahrhundert schrieb der große Ästhet und Kunstkritiker Ruskin (John Ruskin, ›Geschichte der modernen Malerei‹): »Das Vulgäre, Dumme, Gottlose drückt sich in der Kunst immer mit den Farben Braun und Grau aus, wie bei Rembrandt, Caravaggio und Salvator Rosa …« Ein rätselhafter, undeutlicher Satz, in dem aber ganz sicher keine übermäßige Wertschätzung des Meisters liegt.

So musste erst das 20. Jahrhundert kommen und mit ihm die Sensibilität, die Klarsicht und der Scharfsinn Roberto Longhis, um Caravaggios wahre Größe wieder zu entdecken.

Florian Illies **Der gute Raub** Warum nach Caravaggios ›Geburt‹ nicht mehr gesucht werden darf

Dies ist eine unmoralische Geschichte. Sie handelt von einem moralischen Maler und von einem moralischen Raub. Und sie ist hoffentlich noch lange nicht zu Ende.

Im Jahre 1609 malte Caravaggio während seiner Flucht auf Sizilien das Bild ›Geburt Christi mit dem heiligen Laurentius und dem heiligen Franziskus‹. Es dauerte dreihundertsechzig Jahre, bis es jemand verstand.

In der Nacht zum 18. Oktober 1969 kletterten zwei maskierte Männer in das Oratorio di San Lorenzo in Palermo. In den Nächten zuvor hatten sie immer wieder Tauben in die Kapelle gelassen, die mit ihren Flügelschlägen die Alarmanlage ausgelöst hatten. Irgendwann, nach dem vierten oder fünften Mal, wurde es den genervten Mönchen zu viel, und sie stellten die Alarmanlage aus, als sie ihr Nachtgebet beendet hatten. Du sollst nicht begehren Deines Nächsten Gut. Doch gilt das auch, wenn es sich um ein besonders gutes Gemälde handelt?

Als die Mönche am nächsten Morgen in die Kapelle kamen, fehlte das monumentale Altarbild, das ihre Vorfahren (wenn man das bei Mönchen so sagen darf), also die Compagnia di San Lorenzo, im Jahre 1609 bei Caravaggio in Auftrag gegeben hatten, als dieser sich auf der Flucht vor zahllosen Prozessen auf Sizilien versteckte. Zeugen hatten in der Nacht zwei Männer beobachtet, die durch ein Fenster eingestiegen waren und dann mit einem Rasiermesser das 268 x 197 cm große Gemälde aus seinem barocken Rahmen geschnitten hatten. Als die Mönche am Morgen die Tür zur Kapelle öffneten, blickten sie durch den leeren Rahmen auf die kahle Wand dahinter. Auch einen vergilbten Vorhang hatten die Diebe vom Fenster gerissen, wahrscheinlich, um die riesige Leinwand darin einzurollen. Tauben fanden die Mönche an diesem Morgen in der Kapelle nicht.

Dass die Mafia hinter dem Diebstahl steckte, war schnell klar, in mehreren Prozessen in den Neunzigerjahren wurde dies dann auch von Zeugen bestätigt. Doch vielleicht ist Diebstahl nicht das richtige Wort. Wahrscheinlich muss man sagen, dass erst ein feinsinniger Mafiaboss in der Lage war, Caravaggios Gemälde seiner wahren Bestimmung zuzuführen: es nämlich in Sicherheit zu bringen vor den glotzenden Augen der Touristengruppen, vor dem schmarotzenden Blick der Studiosus-Jünger. Kein anderes Gemälde Caravaggios enthält auf der Bildebene solch deutliche Hinweise darauf, dass es danach lechzt, befreit zu werden von der Öffentlichkeit, um im stillen Gebet bewundert zu werden. Wir müssen uns den Mafiaboss, der hinter dieser Entführung steckt, natürlich nicht unbedingt als einen guten Menschen vorstellen. Aber als einen guten Kunsthistoriker, das schon.

Caravaggios geheimnisumwittertes, gewalttätiges, an Vergehen und strafrechtlicher Verfolgung reiches Leben hat ihn im Grunde immer zu einem Helden der Mafia gemacht. Er saß 1603 wegen lästerlicher Gedichte über seinen Feind, den Maler und zukünftigen Biografen Baglione im Gefängnis, 1604, weil er einen Gendarmen verprügelt und ein Jahr später, weil er einen Notarius krankenhausreif geschlagen hatte. 1606 dann schlug er im Streit einen Mann zu Tode und war von da an auf der Flucht – so kam er nach Sizilien, wo ihm die Kirchen mit geheimen Auftragsarbeiten das Überleben sicherten. 1609 schließt er seine Geburtsszene für das Oratorio di San Lorenzo in Palermo ab, wenige Monate später stirbt er, auf der nächsten Flucht, fiebrig, dem Wahnsinn nahe, im Schatten des Monte Argentario. Die Geburtsszene in Palermo ist wahrscheinlich das vorletzte Gemälde, das Caravaggio gemalt hat. Und vielleicht das Schönste überhaupt.

Das Bild steht auf Platz 3 der zehn weltweit meistgesuchten Kunstwerke des FBI, die Kunstwelt muss sich seit 1969 mit einer müden Farbreproduktion begnügen, die glücklicherweise ein Jahr zuvor für einen Bildband erstellt worden ist. Doch alle, die das Bild im Original gesehen haben, berichten von einer Sinnlichkeit der Haut, von einer Strahlkraft der Farben und von einer derartigen Präsenz des dargestellten Engels, dass man fast den Windhauch seines Flügelschlages zu spüren vermeint.

Wie kann es also eine gute Tat sein, dieses Kleinod der Kunstgeschichte in nächtlicher Stunde zu rauben und fortan für alle Ewigkeit vor neugierigen Blicken zu verbergen? Schauen wir kurz auf die altersschwache Reproduktion, die uns geblieben ist. Caravaggio findet hier, wie in jedem seiner Gemälde, eine ganz neue, subtil ausgeklügelte Komposition, die sich von jeder bisherigen Interpretation des Themas unterscheidet – und zudem malt er auch hier souverän entlang an dem schmalen Grat zwischen Gegenreformation und Kirchenkritik, zwischen verweltlichtem Glauben und sinnlicher Transzendenz.

Oben schwebt der Verkündigungsengel, unten knien Maria und Joseph vor dem neugeborenen Kind, am Rand stehen die beiden Titularheiligen des Oratorios, der heilige Laurentius und der heilige Franziskus. Von rechts tritt ein alter Hirte an die Gruppe heran. Vor allem schaue man sich die Hände an: wie sie miteinander sprechen, wie sie erzählen, wie sie beten, wie sie sich wundern, wie sie ihr eigenes Leben leben (ausdrucksstärker fast als die Gesichter). Wer solche Hände malt, weiß, dass Hände auch morden, dass Hände auch stehlen können. Es gibt mehrere Ungeheuerlichkeiten auf Caravaggios Bild. Zum einen, dass das Christuskind nicht selbst die Lichtquelle ist, sondern teilweise außerhalb dieser am Boden liegt, halb Mensch, halb Gott, halb Schatten. Das Licht der Welt, das es sein soll und sein wird, scheint in diesem Moment noch aus einer anderen, für den Betrachter unsichtbaren Quelle. Auch liegt es verkehrt herum, es blickt nicht wie üblich den Betrachter an, sondern den Engel über sich.

Die zweite Ungeheuerlichkeit ist, wie die Kunsthistorikerin Jutta Held klug gezeigt hat: dass Caravaggio hier ein Programmbild des »inneren Gebetes« geschaffen hat – zu einem Zeitpunkt, als dieses in der Kirche heftig umstritten war und nur von der mystischen Literatur verfochten wurde. Franziskus – sonst der volkstümliche Heilige – schaut nicht den Betrachter an, nicht das Kind, sondern hat die Augen geschlossen. In einem Moment, als es der Gegenreformation um ekstatische Erweckung ging, um die Wundmale und Martyrien der Heiligen, um Mission – da malt Caravaggio ein Bild, auf dem er die Heiligen und den Hirten in stillem Gebet versunken zeigt, den Kopf geneigt, die Hände verschränkt. Auch Maria hat die Lider gesenkt und kostet das Glück des Glaubens in sich aus. Caravaggio schließt die kleine Gruppe um das Jesuskind ab von der übrigen Welt, kein Licht kann von hier auf den Rest der Menschheit herabstrahlen. Er entwirft eine Gruppenszene, die die verinnerlichten Glaubensformen feiert und zugleich demonstriert, dass dafür eine Abgewandtheit von der Welt nötig ist.

Wie seltsam, dass dieses Bild, das die persönliche Zwiesprache mit dem Glauben und dem Wunder der Geburt, das die Kraft des inneren Gebetes feiert, jahrhundertelang von abertausenden von Menschen angeschaut und damit aus seiner Ruhe gebracht wurde. Und wie konsequent, was dann ab 1969 mit ihm geschah.

Es gab viele Gerüchte, es gibt Aussagen von festgenommenen Mafiamitgliedern. Es sei – so geht eine Fama – direkt beim Rausschneiden unwiederbringlich zerstört worden, und zwar in einem solchen Maße, dass der angebliche Auftraggeber, als er es sah, in Tränen ausbrach und es den Dieben überließ. Eine andere Quelle behauptete, es sei bei einem Erdbeben zerstört worden.

Doch niemand sollte man so viel Glauben schenken wie dem ehemaligen Drogenkurier der Mafia, Francesco Marino Mannoia. Er trat 1996 im Prozess gegen den italienischen Ex-Premierminister Andreotti auf und berichtete, das Gemälde habe jahrelang zusammengerollt unter seinem Bett gelegen. Daraufhin wurden von der Mafia seine Mutter, seine Schwester und seine Tante umgebracht – niemand hat, so der brutale Moralkodex der Mafia, das Recht, ihre Geheimnisse zu verraten. Die Staatsanwälte und die Bürger von Palermo tragen in immer neuen Appellen an den inhaftierten Mannoia die Bitte heran, endlich zu sagen, wo sich das Bild heute befindet. Aber er schweigt.

Der englische Kunstfahnder Peter Watson ist dem Gemälde seit Jahren auf der Spur. Es gab auch Meldungen, es sei an einen Sammler aus einem Staat der ehemaligen Sowjetunion verkauft worden, der sein Geld aus Ölgeschäften reinwaschen wollte. In Palermo gibt es zudem ständig neue Vermutungen und erscheinen ständig neue Romane, die das Schicksal des Bildes beschreiben. Ende 2005 richteten die Bürger der Stadt sogar eine Petition an die Herren der Unterwelt und appellierten an deren staatsbürgerliche Pflicht, Sizilien seinen nationalen Schatz zurückzugeben.

Doch wahrscheinlich liegt genau hier das Missverständnis. Aus der Sicht der Mafia und eben auch Caravaggios könnte es sich bei der Entwendung des Gemäldes eben nicht um einen Raub, sondern um eine Befreiung gehandelt haben. Denn die wirklich ernst zu nehmenden Geschichten berichten von einer inhaltlich mustergültigen Verwendung des Altargemäldes:

Es bleibt oft für Jahre eingerollt, im inneren Gebet quasi, und wird dann nur für ein, zwei Stunden aufgehängt, in einem Raum, der ansonsten verschlossen ist und der den Mitgliedern der örtlichen Mafia auf einem Berg in der Nähe von Palermo oder dem nahe gelegenen Bargheria als Kapelle dient. Hier halten sie ihre geheimen Gottesdienste zu Taufen und Hochzeiten ab. Die Augen geschlossen, die Hände zum Gebet verschränkt, ohne Kontakt zur Außenwelt – so wie die kleine Gruppe im Dunkeln rund um das Jesuskind. Sein Wille geschehe, sein Schattenreich komme.

Tanja Kinkel Maestro

Rom, 30. November 1612

Die junge Frau, die Pedro Montojo in der Kirche Santa Maria del Popolo traf, war tief verschleiert, doch ohne Begleitung. Das war nicht das einzige Ungewöhnliche an ihr. Ihre Hände waren verbunden. Montojo, der den Grund hierfür durch den Skandalprozess, über den die ganze Stadt sprach, nur zu genau kannte, zuckte instinktiv zusammen. Es war Mitgefühl gewesen, das ihn bewogen hatte, ihrem Ansinnen zuzustimmen, Mitgefühl, Neugier und die Sehnsucht nach einem unwiederbringlichen Teil seiner eigenen Vergangenheit, doch angesichts des Anblicks ihrer Hände fragte er sich, ob es nicht besser gewesen wäre, auf ihr Ersuchen mit einer höflichen Absage zu antworten, statt sich einverstanden zu erklären.

»Signore«, sagte sie und neigte ihr Haupt, als sie ihn sah. Montojo wusste, dass es noch vor ein paar Wochen undenkbar für sie gewesen wäre, ihn anzusprechen. Sie war ein Mädchen aus gutem Haus, das hatte ihr Vater immer wieder betont, als er den Vergewaltiger seiner Tochter, der einst sein Freund und Kollege gewesen war, vor Gericht brachte. Mädchen aus gutem Haus redeten nicht mit fremden Männern, und schon gar nicht mit solchen, die nichts als Diener im Haushalt großer Herren waren. Wenn sie es doch taten, dann gewiss nicht in so höflicher Weise.

Andererseits war Pedro Montojo, strikt genommen, kein Mann. Er war Kastrat, und seine Stimme diente dazu, den Kardinal del Monte zu ergötzen. Dies war sein einziger Daseinszweck geworden, seit er den Körper eines Mannes besaß. In seiner frühen Jugend hatte es noch andere gegeben.

»Signorina Gentileschi«, sagte er, und man hörte kein Echo seines kastilischen Akzentes mehr in dem weichen Italienisch. Er konnte sich kaum noch an seine Heimat erinnern. Sein Leben, sein wahres Leben, hatte hier begonnen. In Rom.

»Signora Stiatessi«, verbesserte sie ihn.

»Seit gestern. Doch das tut nichts zur Sache. Nichts ist wichtig heute, außer dem Anliegen, das mich hierher führt. Ich werde Rom bald verlassen, Signore, und gewiss nicht zurückkehren. Doch die großen Bilder des Meisters sind alle hier, in dieser Stadt. Ich kann nicht gehen, bis ich nicht die wichtigsten gesehen habe.«

Maler, dachte Montojo und spürte die alte Aufwallung aus Bewunderung und Groll. *Sie sind alle gleich.*

Laut erwiderte er nur: »Deswegen bin ich hier. Doch seine ›Bekehrung des heiligen Paulus‹ und die ›Kreuzigung Petri‹ in dieser Kirche dürften Euch bereits vertraut sein, nicht wahr? Gewiss hat Euer Vater sie Euch …«

»Man kann sie nicht oft genug sehen«, schnitt sie ihm das Wort ab und seufzte.
»Verzeiht. Ja. Ich kenne die Bilder. Dies ist immerhin unsere Pfarrkirche. Doch irgendwo muss man einen Anfang machen.«

Montojo verbeugte sich und schritt mit ihr in die Cerasi-Kapelle. Für sich dachte er, dass der Meister gewiss nicht mit diesen Bildern begonnen hätte. Er hörte ihn noch mit seiner zornigen Stimme fluchen, der Kardinal, der alte Geizkragen, habe es gewagt, daran herumzukritteln und eine neue Version zu verlangen.

Aber dann musst du sie malen, sagte seine eigene jugendliche Stimme, *vergiss nie, wir sind nur die Diener der großen Herren.*

Du vielleicht, Pedro mio, entgegnete der Mann aus Caravaggio in seiner Erinnerung. *Ich bin das Instrument Gottes. Aber Gott begleicht nicht meine Rechnungen, und also hast du Recht, und ich werde eine neue Version malen.*

»Er hatte den Haushalt meines Kardinals gerade verlassen und in Kardinal Mattei einen neuen Gönner gefunden«, sagte Montojo zu seiner Begleiterin, als sie vor dem Bild standen, das den gestürzten Saulus zeigte. »Einen schwierigeren Herrn.«

Zunächst blieb sie stumm vor dem Bild stehen und musterte das, was sie schon kennen musste: Saulus, zu Boden geworfen durch Gott, die Augen geschlossen, die Arme emporgestreckt, ohne Licht oder Heiligenschein, die ihn als den zukünftigen Apostel ausgewiesen hätten, ohne Engel mit der Botschaft des Herrn. Nichts als das Pferd, von dem er gestürzt war, und sein Knecht, hervorgetreten aus dem Schatten.

»Erzählt mir von ihm«, sagte sie schließlich und wandte sich der ›Kreuzigung Petri‹ zu. Montojo erinnerte sich noch gut, wie die Leute sich darüber empört hatten, dass der Vorgänger aller Päpste als gequälter, von Todesängsten geplagter alter Mann dargestellt war, auch er ohne Engel, die ihn erwarteten. Als handelte es sich um einen alten Verbrecher aus den römischen Gefängnissen, hatte es geheißen.

»Ihr müsst ihn doch auch gekannt haben«, gab Montojo zurück, obwohl er mit dieser Aufforderung gerechnet hatte. »Immerhin war er befreundet mit Eurem Vater.«

»Sie teilten sich die Kostüme und Requisiten für die Modelle«, verbesserte sie ihn.

»Und einige Zoten. Aber als sie beide vor Gericht standen, weil Baglione sie wegen Verleumdung verklagt hatte, da sagte der Meister, mein Vater sei nicht sein Freund, und auch keiner der von ihm geschätzten Maler. Meint Ihr, das habe ich vergessen? Es gab eine große Aufregung in unserem Haus damals. Ich war zehn.«

Montojo räusperte sich. Es stimmte, derartige Worte waren gefallen. Dabei war es noch nicht einmal so, dass der Meister etwas gegen Orazio Gentileschi gehabt hätte, einen Maler, der ihn bewunderte und in jedem Streit unterstützte. Der

Mann aus Caravaggio war nur ohne jede Höflichkeit und fast so talentiert dar-in, Freunde zu verprellen, wie er es mit dem Pinsel war.

Schmeicheln, schöntun, das ist etwas für Lakeienseelen, Pedro.

Aber wir sind Lakaien …

»Nun«, gab er nach, während sie die Kapelle verließen, »ich weiß, dass er acht Jahre vor der Jahrhundertwende nach Rom kam, aber damals kannte ihn natür-lich noch niemand. Er war ein Norditaliener, einer aus der Lombardei, und das, Signora«, fügte Montojo mit einem schiefen Lächeln hinzu, »ist fast so schlimm in dieser Stadt, wie ein Spanier zu sein.«

»Beides ist leichter, als eine Frau zu sein«, entgegnete sie scharf und schaute auf ihre verbundenen Hände.

»Davon weiß ich nichts«, sagte Montojo leise. »Noch weiß ich, was es heißt, ein Mann zu sein. Ich war ein Kind, als man mich zu etwas machte, was zwischen Weib und Mann steht und keines von beiden ist.«

Man hatte ihm Opium gegeben und ihn ein Bad nehmen lassen, ein Bad in hei-ßem Wasser, das erste seines Lebens, und dann war es geschehen. Es hatte ihm die Stimme gesichert, die Kardinal del Monte einst mit der eines Engels vergli-chen hatte, und seiner Familie genügend Geld eingebracht, um auf Jahre davon zu leben, aber er hatte seinen Eltern dennoch niemals vergeben, ganz gleich, wie unchristlich und undankbar das auch sein mochte.

Warum solltest du auch, Pedro? Hasse! Hass macht lebendig. Schau mich an.

»Man sagt, er habe Bilder kopiert und auf dem Jahrmarkt verkauft, damals in jenen ersten Jahren«, murmelte Gentileschis Tochter, die nach allem, was man hörte, gerade ihre eigenen Erfahrungen mit dem Hass machte.

Montojo nickte.

»Niemand kannte Michelangelo Merisi aus Caravaggio«, entgegnete er. »Da-mals nicht. Ich erinnere mich noch gut daran, als ich ihn zum ersten Mal sah.«

»Wo seid Ihr ihm begegnet? Im Haus Eures Kardinals?«

»Das ist keine Geschichte für eine Dame«, sagte Montojo ausweichend, und sie presste die Lippen zusammen.

»Signore«, sagte sie, »Damen sind Frauen, die nicht von den Freunden ihrer Vä-ter vergewaltigt werden. Seit mein Vater den Prozess gegen Agostino Tassi ange-strengt hat, bin ich von niemandem mehr eine Dame genannt worden. Tassi und seine Freunde haben mich vor ganz Rom als Hure hingestellt, und selbst jetzt, wo der Richter ihn schuldig gesprochen hat, glauben doch die meisten nichts anderes von mir. Meint Ihr wirklich, irgendetwas aus dem Leben des Meisters könnte mich da noch schockieren?«

»Viele waren schockiert über sein Leben. Die ständigen Raufereien, die Prozes-se wegen Beleidigungen – nun, das wisst Ihr ja durch Euren Vater –, einmal hat er sogar vor dem spanischen Botschafter das Schwert gezogen, einer Kurtisane wegen«, sagte Montojo friedfertig. »Dem Kardinal war sein Bild mit den Falschspielern unter die Augen gekommen, aber wenn Ihr mich fragt, dann war das Bild, das den Ausschlag für ihn gab, ein anderes. Der Bacchus. Er hat sich selbst zum Modell genommen, und … nun, Ihr werdet es sehen.«

Mit diesem Versprechen, so hoffte er, hatte er sie von seiner eigenen ersten Begegnung mit Michelangelo Merisi abgelenkt. Ganz gleich, was sie über ihren eigenen zerstörten Ruf dachte und wie sehr sie an ihren neu erworbenen Zynismus glaubte, sie war noch jung. Sie musste noch voller Hoffnung sein. Junge Menschen hörten nicht gerne, dass ihre Vorbilder nicht besser waren als jene, die sie hassten. Manche Väter gingen vor Gericht, wenn ihren Kindern Gewalt angetan wurde, und manche führten das Messer selbst, um ihre Kinder zu geeigneten Spielzeugen für die hohen Herren zu machen, die sich dergleichen leisten konnten. Doch er hatte das Brot des Kardinals nun zwei Jahrzehnte lang gegessen, und der Einzige, der ihn je dazu gezwungen hatte, von dem Preis dafür zu sprechen, der nichts mit dem Singen zu tun hatte, war der Maler gewesen, gleich an jenem ersten Tag.

Der Palazzo Madama in der Nähe der Piazza Navona, wo Kardinal del Monte residierte, wenn er sich in Rom aufhielt, hatte einen Dienstboteneingang. Montojo konnte seine Begleiterin hineinschleusen, ohne von einem der zahlreichen Bittsteller und Neugierigen, die um den Haupteingang herumlungerten, gesehen zu werden. Innerhalb des Palazzos allerdings fiel sie sofort auf. Der Kardinal duldete keine weiblichen Bediensteten um sich herum.

Er ist ein tugendhafter Mann, kein Heuchler wie so mancher, hatte einer der anderen Musiker zu Pedro gesagt, und Pedro hatte genickt. Als er den Satz dann stolz vor dem neuesten Mitglied des Haushalts wiederholt hatte, war Merisi in Gelächter ausgebrochen.

Wann ist Tugend keine Tugend? hatte er gefragt. *Wenn sie nie in Versuchung geführt wird!*

Die verschleierte junge Frau an Montojos Seite rief einige Grimassen und emporgezogene Augenbrauen hervor, doch Montojo war sich sicher, dass niemand ihn eines Stelldicheins verdächtigte. Alle wussten nur zu genau, dass es für ihn keine Möglichkeit mehr gab, etwaigen Versuchungen nachzugeben. Er spürte, wie die verbundene Hand, die auf seinem rechten Arm lag, sich bei dem ersten spöttischen Blick eines Dieners versteifte. Ansonsten gab seine Begleiterin nicht zu erkennen, dass sie der gelegentlichen Neugier gewahr wurde, und studierte stattdessen mit Eifer die Wände der Gänge, die sie durchschritten. Kardinal del Monte war ein Förderer vieler Künstler, nicht nur eines einzigen. Doch seine größte Entdeckung war der Mann aus Caravaggio gewesen.

»Hier«, sagte Montojo schließlich. »Der ›Bacchus‹. So hat er sich selbst dargestellt, ehe der Kardinal ihn zu unterstützen begann. Er konnte sich kein Modell
leisten, das so lange für ihn sitzen würde.«

Es war für ihn eigenartig, sich zu fragen, wie das Bild wohl auf sie wirken würde, die selbst mit dem Pinsel umzugehen verstand. Eine der vielen Dinge, über
die man sich derzeit des Prozesses wegen in Rom den Mund zerriss, war, dass
Orazio Gentileschi seine Tochter nicht nur als Modell benutzt, sondern selbst
als Malerin ausgebildet hatte, nicht seine Söhne, wie man es eigentlich erwarten
sollte. Der wegen Vergewaltigung angeklagte Tassi behauptete sogar, Gentileschi
habe Artemisia für eine Kleopatra nackt posieren lassen, um seine Behauptung
zu untermauern, sie sei eine Hure, war jedoch nicht in der Lage gewesen, den
Nachweis für die Existenz eines entsprechenden Bildes zu erbringen.

*Ein Maler, Pedro, kann kein Mitleid haben. Sein Blick muss unbestechlich und
gnadenlos sein.*

Das waren Michelangelo Merisis Worte gewesen. Wenn Montojo den Bacchus
betrachtete, sah er einen übernächtigten jungen Mann mit schweren Lidern,
spöttischem Blick, einem üppigen Mund und der fahlen Gesichtsfarbe, die ein
Rausch hinterlässt. Er sah einen Mann, der das Leben noch vor sich und doch
bereits aufgegeben hatte, und das Mitleid, das verbotene Mitleid, krampfte sich
in ihm zusammen.

»Er hat nie Schüler akzeptiert, nicht wahr?« fragte Artemisia Gentileschi, nachdem sie das Bild lange betrachtet hatte. »Nachdem er zu Ruhm und Ehren gekommen war, und sie ihn umdrängten.«

Montojo schüttelte den Kopf. »Nein.«

»Ich hätte darum gebeten, seine Schülerin werden zu dürfen, wenn er noch lebte«, erklärte sie. »Niemand hat es wie er vermocht, Menschen durch Schatten
zum Leben zu erwecken. Aber ich hätte ihn gehasst.«

Das nächste Bild, das er ihr zeigte, veranlasste sie sofort zu einem überraschten
Ausruf.

»Könnt Ihr erraten, was das Thema war?« fragte Montojo mit einem leichten
Lächeln. »Baglione hat dem Meister vorgeworfen, es nur als Vorwand benutzt
zu haben, um eine Frau zu malen.«

*Hat er mir doch vorgeworfen, nur ein hübsches Mädchen gemalt zu haben, das sich
das frisch gewaschene Haar trocknet. Weil all die üblichen Attribute fehlen, hatte
Merisi gelacht. Neidhammel. Als ob man einen Heiligenschein und eine Hand auf
der Brust bräuchte, um eine Hure mit Katzenjammer darzustellen.*

Das Mädchen auf dem Bild trug eine weiße Bluse, eine gelbe Tunika und einen
reich mit Blumenornamenten bestickten Rock. Auf dem Boden lagen Perlen
und Schmuck. Ihr langes, rotbraunes Haar war offen und fiel ihr über die

Schulter, aber die Pose hatte nichts Aufreizendes. Ihre Hände waren im Schoß verschränkt, ihr Kopf geneigt, und über ihre Wange rann eine einzelne Träne.

»Ich könnte lügen und behaupten, ich hätte es erraten«, sagte Gentileschis Tochter. »Aber mein Vater hat mir von dem Bild erzählt. Nur hatte ich nicht erwartet, dass … Es stellt den Moment dazwischen dar. Bevor sie ihr neues Leben beginnt. Aber die Erkenntnis hat sie bereits getroffen. So habe ich mir die Magdalena nie vorgestellt.«

Ihrem ehrfürchtigen Ton nach war das ein Kompliment. Dann fügte sie mit einer deutlichen Herausforderung in der Stimme hinzu: »Es ist besser als sein Paulus.«

»Frauen hat er nicht häufig gemalt«, entgegnete Montojo weder zustimmend noch ablehnend. »Doch er war stolz auf dieses Bild.«

»Ich frage mich, warum sie weint«, sagte Artemisia nachdenklich. »Weil sie ihr bisheriges Leben bereut oder weil sie weiß, dass sie es für immer hinter sich lassen wird?«

Darüber hatte sich Montojo noch nie Gedanken gemacht. Reuige Sünder weinten über ihre Taten, das wusste jeder. Nun, in den Geschichten jedenfalls. Zugegebenermaßen hatte er selbst niemanden auf diese Weise bereuen sehen, und seine eigenen Tränen waren aus anderen Gründen vergossen worden.

»Lasst uns in das Musikzimmer gehen«, sagte er beunruhigt. »Dort sind die beiden Bilder, die Seine Exzellenz am meisten schätzt.«

»Die, für die Ihr Modell gestanden habt?« fragte sie leise. Deswegen hatte sie ihm geschrieben. Michelangelo Merisi hatte sich die meisten seiner Modelle von der Straße geholt; sie waren dort billig und bereit, seine unerhörten Bedingungen zu akzeptieren. Andere Maler, das wusste Montojo, brauchten Modelle nur, um sie zu zeichnen, und benutzten dann diese Zeichnungen als Grundlage für ihre Gemälde. Erst der Mann aus Caravaggio hatte darauf bestanden, Modelle für die gesamte Zeit des Malens zur Verfügung zu haben, und geschworen, dass ihm nur so die Natur selbst den Pinsel führe.

»Ich stand ihm Modell, weil der Kardinal es so angeordnet hatte«, sagte er.

»Ich dachte, er sei Euer Freund gewesen?«

»Nicht zu Anfang«, sagte Montojo, und um sie auf andere Gedanken zu bringen, erzählte er ihr von der Musikliebe des Kardinals. Francesco Maria del Monte war Venezianer und spielte selbst die Gitarre. Er sang im spanischen Stil, und seine Vorliebe für spanische Musik war es gewesen, die Pedro Montojo nach Rom gebracht hatte. Es gab kein Instrument, das der Kardinal nicht sammelte. *Einschließlich der Stimme eines Engels*, hatte der Maler gesagt, als er ihm zum ersten Mal begegnet war. *Aber du spielst doch gewiss noch ein anderes Instrument für ihn, ficino, eh?*

Wegen dieser Worte hatte Montojo ihn an jenem Tag gehasst.

Er stieß die Türen des Musikraums auf und atmete den vertrauten Duft des Bernsteinharzes ein, mit dem die Lautenbauer in Venedig ihren Instrumenten Glanz verliehen. Siebzehn Jahre war es nunmehr her, dass der Kardinal ihm und drei weiteren vom Maler ausgewählten Jungen befohlen hatte, Michelangelo Merisi aus Caravaggio, der jetzt zum Haushalt Seiner Exzellenz zählte, als Modell zur Verfügung zu stehen.

Er hätte doch Stalljungen nehmen können, hatte der Kapellmeister gejammert. *Wen kümmert das schon, wer sie in Wirklichkeit sind, wenn das Bild erst fertig ist? Ich dagegen kann doch nicht die Madrigale für die Gastmahle Seiner Exzellenz einüben, wenn die Jungen ständig von diesem Lombarden weggeholt werden!*

Mich kümmert es, hatte der launische Neuzugang erwidert, der überhaupt nicht beeindruckt von seinem Glück zu sein schien. *Ich will diese Jungen. Diese.*

Die Fenster des Musikzimmers waren verschlossen, um keinen Staub von der Straße auf die Instrumente kommen zu lassen, und Montojo machte keine Anstalten, die Läden zu entriegeln. Stattdessen holte er den Schwefel, den er blind hätte finden können, und schuf den Funken, der die erste Kerze entzündete. Mit ihr hatte er bald alle Leuchter des Raumes dazu gebracht, ihr sanftes, flackerndes Licht zu verstrahlen. Nachdem er einen davon in die Hand genommen hatte, führte er seinen Gast vor das Bild, das del Monte als Erstes bei seinem neuen Maler bestellt hatte.

Die vier Gestalten hatten ihre alterslose Schönheit behalten. Montojo zählte erst zweiunddreißig Jahre, doch er fühlte sich alt, wenn er sein jugendliches Selbst betrachtete, das verdrossen als Cupido mit kaum sichtbaren Flügeln in der Ecke saß und Weintrauben zupfte, während Guido der Lautenspieler und Tonio der Hornist mit geöffneten Mündern zu singen schienen. Die vierte Gestalt, die neben der Geige saß und auf die Noten starrte, zeigte nur ihren Rücken, und daher war Montojo verblüfft, dass Artemisia Gentileschi mit ihren verbundenen Fingern auf sie wies und mit Bestimmtheit sagte:

»Das seid Ihr, nicht wahr?«

Er war nicht gekränkt, dass sie ihn nicht in dem hübschen, verdrossenen Cupido erkannte, denn sie hatte durchaus nicht Unrecht. Der vierte Junge, der ursprünglich auch Modell hatte stehen sollen, war in einen so heftigen Streit mit dem Maler geraten, dass er davongerannt und einige Zeit danach im Haushalt des Kardinals Gonzaga aufgetaucht war, und also hatte Merisi Pedro kurzerhand dazu beordert, auch für die vierte Figur zu posieren.

Deinen nackten Rücken kenne ich schon. Er taugt was.

»Was empfindet ein Maler in all den Stunden beim Malen für sein Modell?« fragte er sie plötzlich. »Ihr müsst es wissen. Sind wir nur Fleisch, auf dem sich Licht bricht? Lebende Pfirsiche und Trauben? Was sind wir für Euch?«

Sie wandte sich von dem Bild ab und starrte ihn an. Langsam nahm sie ihren Schleier ab, und er sah, dass ihre Augen gerötet waren.

»Ihr habt ihn das nie gefragt?«

Montojo schüttelte den Kopf. »Nicht ihn noch einen anderen Maler. Es ist keine Frage, die man einem Mann stellt, wenn man selbst keiner ist«, entgegnete er, und seine Stimme, die Kardinäle und Päpste zum Weinen bringen konnte, hatte einen unschön rauen Beiklang.

»Aber es ist eine Frage für eine Frau«, sagte sie ausdruckslos.

»Für eine Malerin«, sagte Montojo. »Ihr seid die erste, von der ich je gehört habe. Deswegen habe ich eingewilligt, Euch die Bilder zu zeigen.«

Sie drehte ihm wieder den Rücken zu und schaute auf das Bild, auf dem vier Jungen musizierten, ohne dass sich erkennen ließ, wo sich die Knaben eigentlich befanden.

Veronese hat seine Allegorie der Musik in einem Garten angesiedelt, hatte der Kardinal gemeint, als er das Bild zum ersten Mal sah. *Warum hast du keinen Hintergrund gewählt, mein Sohn?*

Weil keine Staffage nötig war, Eure Exzellenz. Die Jungen sind die Musik. Nicht wahr?

»Wenn Maler gleich Maler wäre«, sagte Artemisia Gentileschi, »wäre ich heute noch eine Jungfrau, und man hätte mir nie die Finger mit Schnüren umwickelt und diese fest zugezogen, um zu prüfen, ob ich die Wahrheit über den Mann sage, der mich mit Gewalt nahm. Ich habe befürchtet, nie mehr malen zu können, Signore. Wir leben in einer Welt, in der das Wort einer Frau nichts wert ist, wenn es gegen das eines Mannes steht, es sei denn, sie bleibt selbst unter der Folter dabei. Ihr habt hier keine Daumenschrauben. Ich sehe nicht ein, was Euch meine Antwort nützen könnte.«

»Da mir die Frage nicht leicht gefallen ist«, erwiderte Montojo scharf, »habe ich keine so abweisende Antwort verdient.«

Als ich noch ein Knabe war, dachte er, *wäre nie jemand auf den Gedanken gekommen, meinetwegen vor Gericht zu gehen, doch ich weiß, was es heißt, mit Gewalt genommen zu werden. Nur deswegen hatte ich den Mut, dich zu fragen.*

Sie neigte den Kopf zur Seite.

»Zeigt mir das letzte Bild«, sagte sie, »und ich will Euch Eure Frage beantworten.«

Er seufzte, nahm den Leuchter und führte sie in die Ecke, in der es hing. Keine Rückenansicht diesmal, kein Profil und keine anderen Gestalten. Der Junge, der die Laute hielt, blickte dem Betrachter direkt ins Auge. Vor ihm lagen die Noten des Madrigals, das er sang, und wer nur etwas von Musik verstand, konnte sie entziffern. *Voi supete ch' io v' amo. Ihr wisst, dass ich Euch liebe.*

»Die Anmut und Zärtlichkeit selbst«, sagte sie leise.

Er versuchte, an die Stunden voller Unsicherheit zu denken. An die Art und Weise, wie ihn die Glieder geschmerzt hatten bei dem langen, langen Posieren. An das, was bald folgte und was er erst durch die Liebe zu Carvaggio als angenehm und nicht mehr als Pflicht kennen gelernt hatte. Aber er musste zugestehen, dass sich für ihn nichts davon in diesem Bild befand. Nicht in dem weichen, gerundeten Gesicht, den großen Augen unter den bogenförmigen Brauen, und nicht in der Haltung des Körpers, der sich leicht nach vorne neigte.

»Anmut und Zärtlichkeit sind es, die Ihr seht?« murmelte er.

»Das ist es, was er malte«, erklärte sie mit der Gewissheit der Jugend. »Aber so, wie kein Maler derselbe ist, so ist es kein Betrachter. Dennoch …«

Sie ließ den Satz unvollendet ausklingen, und als Montojo schon glaubte, sie wollte nichts mehr hinzufügen, sagte sie es.

»Modelle«, sagte sie, »Modelle sind für einen Maler der Beweis dafür, dass es Teile dieser Welt gibt, die es wert sind, der Ewigkeit erhalten zu bleiben. Modelle sind das, was uns Kraft gibt, weiterzumachen.«

Diesmal war er es, der sich abwandte. Etwas in ihm, was vor zwei Jahren erstarrt war, als die Kunde in Rom eintraf, der Maler Michelangelo Merisi, auch genannt nach seinem Heimatort Caravaggio, sei auf dem Weg nach Porto Ercole elend ohne die Hilfe von Gott oder Mensch gestorben, löste sich. Erst, als er sich mit dem Handrücken über das Gesicht fuhr, spürte er, dass seine Wangen feucht waren. Doch als er sich zu seiner Begleiterin umdrehte, die offenbar nicht aufgehört hatte, den jungen Lautenspieler zu betrachten, klang seine Stimme so süß und ebenmäßig, wie nur je einer seiner Gönner es sich wünschen konnte.

»Sechs Jahre«, sagte er, »sechs Jahre verbrachte er hier, und zwei weitere nur ein paar Schritte weiter, im Palazzo des Kardinals Mattei. Aber danach gab es keinen Beschützer mehr, und einen Prozess nach dem anderen. Wenn sie ihn ins Gefängnis warfen, lachte er nur darüber. Er war der größte Maler Roms, was konnte ihm schon passieren? Das war es, was er sagte, wenn ich versuchte, ihn zur Mäßigung zu bewegen. Er sagte, er brauche niemanden mehr. Keinen Gönner. Nur Aufträge.«

Sei eine Sklavenseele, Pedro mio, bleib bei deinem Herrn und kusche. Ich lebe allein. Geld will ich von den Kardinälen, aber mehr nicht. Ganz bestimmt nicht ihre Spielzeuge, die sie zur Seite gelegt haben. Ihre Abfälle.

»Bis er jemanden umbrachte, beim Streit über ein Ballspiel. Von da an war er auf der Flucht wie Kain, und ich habe ihn nie wiedergesehen.«

»Niemals mehr?« fragte sie, und er fühlte ihre verbundenen Finger auf seiner Schulter, in einer kurzen, flüchtigen Berührung, die so schnell verging, dass es sich um eine Illusion gehandelt haben konnte. Montojo fasste einen Entschluss.

»Nicht lebend«, sagte er. »Aber Seine Exzellenz nimmt mich manchmal mit in den Palazzo Borghese, um dort für Scipione Borghese zu singen, und Seine Durchlaucht hat das Bild erworben, von dem es heißt, es sei das letzte, das der Meister je gemalt hat.«

Er ahnte, was ihr durch den Kopf ging. Pedro Montojo war ein Mitglied des Haushalts del Montes, doch sie kannte niemanden aus dem Haushalt der Borghese, die zu den ältesten Familien Roms zählten und eine Frau nach einem Prozess, wie ihn Rom vorher noch nicht gekannt hatte, ganz gewiss nicht empfangen würden.

»Seine Exzellenz«, fuhr Montojo fort, »hat Michelangelo aus Caravaggio sehr geschätzt. Er war es, der sich bei Seiner Heiligkeit dafür einsetzte, dass der Meister begnadigt wurde. Er hat sich das Bild von Seiner Durchlaucht erbeten, nur für eine Weile.« Mit einem dünnen Lächeln fügte er hinzu: »Damit ein anderer Maler eine Kopie machen kann, aber sagt das nicht weiter, Signora. Wie dem auch sei, es ist hier, und vielleicht, wenn der Kardinal einen Maler findet, der geschickt genug ist, werden die Borghese nicht das Original zurückerhalten.«

Er war sich nicht sicher gewesen, ob er es ihr zeigen würde, doch nun gab es kein Zurück mehr. Es war sein Glück, dass der Kardinal sich auf einem päpstlichen Empfang befand und so bald nicht wiederkehren würde, denn das Bild, das Montojo meinte, hing in seinem Arbeitszimmer.

Diesmal blieben sie beide stumm, während sie das Gemälde betrachteten. ›David mit dem Haupt des Goliath‹. David war ein Knabe, der ohne Triumph und voll Trauer auf seine Trophäe blickte, und die Miene des Knaben war Montojo nicht fremd. Er hatte sie oft genug im Spiegel auftauchen sehen. Doch es war das Haupt des Goliath, das Montojo erstaunt hatte, als er das Bild im Palazzo Borghese erspähte, und da er ihr den Bacchus gezeigt hatte, wusste er, dass auch sie es erkennen würde. Die Züge waren unverwechselbar, gealtert und verzerrt in Schmerz und Niederlage, aber dieselben.

O mein Freund, dachte er, *mein Freund, so warst du, als der Tod dich holte?*

Er wusste, was der Mann aus Caravaggio gesagt hätte.

Pedro, ich bin unsterblich.

Als er die junge Frau aus dem Palazzo geleitete, war es später Nachmittag, es dunkelte schon, und die kalte Luft des letzten Novembertags ließ sie frösteln.

»Wenn Ihr in Rom bliebet«, sagte Montojo, »könnte ich Seine Exzellenz bitten, Euch den Auftrag für diese Kopie zu erteilen. Gewiss, er beschäftigt für gewöhnlich keine Frauen, doch vielleicht …«

Sie schüttelte den Kopf.

»Das ist sehr freundlich von Euch, Signore. Aber nun, da ich gesehen habe, was ich sehen wollte, möchte ich nur noch fort von hier. Der Mann, den mein Vater für mich gefunden hat, um von meinen Ruf zu retten, was nicht mehr zu retten ist, stammt aus Florenz, und dorthin werden wir gehen. Außerdem … sosehr ich den Meister auch bewundere: es gibt noch mehr zu leisten, als das, was er getan hat. Einfach nur imitieren? Nein. Es gibt noch Besseres zu schaffen.«

Montojo war einen Moment lang gekränkt, dann lachte er.

»Maler«, sagte er. »Ihr seid alle gleich.«

»Vielleicht«, entgegnete Artemisia Gentileschi ohne zu lächeln. »Vielleicht.«

Danksagungen

Wir möchten insbesondere den acht Autoren danken, die dem ehrgeizigen Vorhaben des museum kunst palast, neue Wege in der Kunstvermittlung zu beschreiten, Leben eingehaucht haben. Weiterer Dank gebührt all denjenigen, ohne deren großes Engagement dieses Buch nicht möglich gewesen wäre:

Susanne Bader, Graf & Graf/Berlin
Wolfgang Butt/Fontanes, Frankreich
Francesco De Filippo/Rom
Iris Gehrmann, Verlagsgruppe Lübbe/Bergisch Gladbach
Karin Graf, Graf & Graf/Berlin
Eva Haagerup, Leonhardt & Høier Literary Agency aps/Kopenhagen
Esther Hansen/Köln
Anneli Høier, Leonhardt & Høier Literary Agency aps/Kopenhagen
Ulrike Jagla-Blankenburg/Köln
Christel Juchniewicz, DuMont Literatur und Kunst Verlag/Köln
Moshe Kahn/Saarbrücken
Eva und Werner Kinkel/Bamberg
Christina Knecht, Hanser Verlag/München
Ruth Geiger, Diogenes Verlag/Zürich
Tessa Martin, Rowohlt Verlage/Reinbek
Daniela Micura, Daniela Micura Literary Services/Mailand
Helga Mühl, Diogenes Verlag/Zürich
Uta Ruhkamp/Köln
Daniela Seel, kookbooks/Berlin
Winfried Stephan, Diogenes Verlag/Zürich
Anne Thiem, Rowohlt Verlage/Reinbek
Amelie Thoma, Aufbau-Verlag/Berlin
Judith Wohlfarth, Verlagsgruppe Droemer Knaur/München

Die Stiftung museum kunst palast ist eine
Public-Private-Partnership zwischen
der Landeshauptstadt Düsseldorf,
E.ON AG, METRO Group und degussa AG.